Yaël Hassan

J'ai fui l'Allemagne nazie

Journal d'Ilse
1938-1939

Gallimard Jeunesse

*Pour David qui m'a fait découvrir cette histoire.
Avec toute mon affection.*

Berlin, le 15 novembre 1938

C'est Vati qui m'a conseillé de commencer ce journal, pensant qu'écrire m'apporterait un peu de réconfort.

Voilà, en fait, ce que mon père m'a dit :
– Sache que nombre de grands écrivains ont commencé par écrire leur journal intime. Qui sait, peut-être y trouveras-tu, toi aussi, ta vocation ? Mademoiselle Hirsch ne tarit pas d'éloges quant à la qualité de tes écrits en classe. Je suis sûr que tu y prendras du plaisir, même si j'ai conscience que ce que tu as à raconter pour le moment n'est pas des plus réjouissants.

Et me voilà, le stylo à la main, prête à te confier, non pas mes joies et mes bonheurs comme l'avait souhaité Oma en m'offrant ce journal, mais plutôt mon chagrin, ma colère et ma révolte. Car comment ne pas être en colère après ce qui s'est passé la semaine dernière, quand nos synagogues ont été profanées, saccagées, brûlées, quand toutes les vitrines des magasins juifs de la ville ont volé en éclats ! Et, désormais, il en est de même de ma vie, de mon cœur, de mes espoirs et de mes rêves, volés en éclats, eux aussi !

Je ne sais pas si écrire m'apportera du réconfort ou du plaisir, mais au moins, cela m'occupera, cela m'aidera à meubler ces journées aussi tristes qu'interminables qui s'annoncent.

Et puis, peut-être que les choses finiront par s'arranger et que je n'en remplirai pas le tiers de ce journal ! Voilà mon bel optimisme qui reprend déjà le dessus. Je me reconnais bien là ! Pourtant cette fois, il faudrait être une belle rêveuse pour y croire.

Mais revenons à ces événements si tragiques que même dans mes pires cauchemars, ils n'auraient pu exister.

Au lendemain de cette abominable « Nuit de cristal » ainsi qu'ils l'ont appelée, je me suis rendue à l'école, comme d'habitude, faisant le chemin en compagnie de Helga, ma meilleure amie (l'est-elle encore ?) et d'Inge, une camarade de classe. Tandis que le cœur serré j'essayais d'éviter de marcher sur les débris de verre et de toutes sortes qui jonchaient les trottoirs, Inge, elle, s'en donnait à cœur joie, piétinant et sautillant dessus à qui mieux mieux et chantant à tue-tête les louanges du Führer, Adolf Hitler :

– Il est notre sauveur, notre héros !

Helga cheminait à mes côtés, silencieuse, tandis que je serrais les poings pour ne pas pleurer, et avançais tête basse pour ne pas voir.

Ne pas voir le *Delikatessen* de monsieur Danziger, dévasté, tout comme la mercerie de madame Weiss, et la librairie de monsieur Katz, sa si belle librairie où j'ai passé tant de moments délicieux, mise à sac, elle aussi !

D'ordinaire, je n'ai pas ma langue dans ma poche, mais là, je pressentais qu'exprimer des idées, des opinions allant à l'encontre du culte pour cet homme monstrueux pouvait m'attirer des ennuis et qu'il valait mieux que je garde pour moi mes indignations. J'espérais tout de même de la part de Helga, un mot, un regard, n'importe quoi qui puisse me réconforter… En vain.

Comme il m'est pénible de te raconter tout ça ! Je ne vois pas en quoi écrire ce qui s'est passé pourrait m'aider. Au contraire, c'est bien pire ! Aussi, je pense que je vais en rester là pour aujourd'hui, avant de répandre une nouvelle fois toutes les larmes de mon corps, si toutefois il en restait !

Berlin, le 16 novembre 1938, 10 heures du matin

Finalement, Vati a raison. Plutôt que de ruminer ma colère, il vaut mieux que je te la déverse, même à flots. Exprimer les choses, les extirper de soi, est préférable au fait de les ressasser indéfiniment. Alors pardonne-moi d'avance si je ne suis pas d'une très bonne compagnie.

Je continue donc.

À peine arrivées en classe, alors que nous sortions nos livres et nos cahiers de nos cartables, notre professeur principal, cette chère mademoiselle Hirsh, nous a demandé, à Renate et moi, de nous lever.

– Je suis dans l'obligation et la tristesse de vous demander à toutes les deux de quitter l'école ! nous a-t-elle annoncé.

Ni Renate ni moi, ni d'ailleurs le reste de la classe, n'avons compris ce qu'elle voulait dire.

C'est cette peste d'Inge qui a réagi la première :

– Pourquoi Renate et Ilse doivent-elles quitter la classe, mademoiselle Hirsh ? Qu'ont-elles fait ?

– Rien, elles n'ont rien fait, Inge. Mais désormais les Juifs ne sont plus admis dans les écoles allemandes ! a répondu notre professeur, en baissant la tête.

Je ne sais pas comment Renate et moi avons fait pour remettre nos affaires dans nos cartables et sortir de la classe dignement. Trop mortifiées, nous n'avons pas échangé le moindre mot. Je me demande comment nos jambes nous ont portées sans fléchir. Arrivées devant chez elle, nous nous sommes serrées très fort dans les bras. Puis j'ai couru jusqu'à la maison.

Mon monde venait de s'écrouler.

Pause ! Sinon, je pleure.

Berlin, le 18 novembre 1938

En relisant ce que je t'ai confié précédemment, je me suis rendu compte que tu pourrais croire que le malheur des Juifs dans notre pays a commencé avec la Nuit de cristal. C'est tout moi, ça... Tout ramener à moi, à ma petite personne ! Il fallait vraiment que je sois égoïste pour faire comme si de rien n'était, d'autant que j'ai de bons yeux pour voir et de bonnes oreilles pour entendre. Non, si cette nuit horrible a marqué le début de mes propres malheurs, ceux d'une petite fille gâtée et insouciante dont les parents ont tout fait pour la protéger, la tenir écartée de ce qui se passait, les Juifs, quant à eux, avaient déjà eu à subir maintes humiliations. Le visage fermé de Vati, les yeux rouges de Mutti, la démission brutale de Greta, notre bonne, les chuchotements entre mes parents, rien de tout cela ne m'avait échappé, et je savais pertinemment que ces choses étaient liées à la persécution des Juifs. Mais étais-je trop jeune pour y attacher de l'importance ? Non, le fait est que je refusais de voir, de savoir, de comprendre. Parce que tout cela m'est INCOMPRÉHENSIBLE, justement !

Comme une idiote, j'ai attendu hier, toute la journée, une visite de Helga...

Elle est donc désormais mon ex-meilleure amie. Je ne veux plus penser à elle, je ne veux plus parler d'elle. Elle n'existe plus pour moi... Enfin, il serait plus juste de dire que c'est moi qui n'existe plus pour elle. Aura-t-elle seulement eu un regard, une pensée pour moi devant ma place vide, en classe ? Tu parles !

J'arrête d'écrire pour le moment car je sens que le chaudron qui bouillonne en moi en permanence ne va pas tarder à déborder !

Même jour, 16 heures

Vati ne veut pas que j'aille à l'école juive. C'est lui qui me donnera cours, désormais. Cela fait longtemps qu'il a été chassé de son poste de professeur à l'université. Vati est un excellent professeur que ses étudiants adoraient (ce qui n'a pas empêché l'un d'entre eux de lui cracher au visage, l'autre jour, dans la rue !) et j'apprends mille fois plus de choses avec lui qu'à l'école, mais je regrette tant...

Non, ça suffit de m'apitoyer sur mon sort, sur ma seule petite personne ! Tant de gens sont tellement plus malheureux que moi !

Berlin, le 19 novembre 1938

Que les journées sont longues ! Certes, j'étudie avec Vati, je lis aussi, beaucoup plus qu'avant mais... comme je m'ennuie... Est-ce que ce sera ça ma vie désormais ? Devrai-je rester ainsi enfermée avec mes parents pour le restant de mes jours ? Comment veux-tu que je me fasse à cette horrible idée ? Vati ne cesse de m'exhorter à la patience, répète que les choses ne tarderont pas à rentrer dans l'ordre ! Mais s'il se trompait ? Qu'allons-nous devenir ? Beaucoup de Juifs quittent l'Allemagne. Moi, je suis née à Berlin, je suis et reste allemande même si les nazis ont cru bon de nous délester de notre nationalité. Je suis allemande, qu'ils le veuillent ou non ! La preuve, je parle allemand, je rêve en allemand, je pense en allemand, je vis en allemand, et maintenant je pleure tellement en allemand ! Comment peut-on dépouiller quelqu'un de son être profond par une simple loi ? Que suis-je désormais, sinon ? Sans identité, sans nationalité, comment allons-nous vivre ?

Je ne suis pas, moi, pas plus que ma famille, responsable des maux dont Hitler nous accuse, nous les Juifs. Je ne suis pas responsable de la défaite de la guerre de 1914-1918, je ne suis pas responsable non plus de la crise économique, de la misère et du chômage. Hitler, cet âne ignare, prétend que les Juifs appartiennent à une race inférieure. Il ne sait donc pas que le judaïsme est une religion, une culture mais certainement pas une race. La preuve en est que beaucoup de Juifs allemands sont blonds aux yeux bleus et peuvent donc passer pour de parfaits Aryens, ce qui n'est d'ailleurs pas son cas !

Pourquoi cet homme nourrit-il une telle haine à notre égard ? Que lui avons-nous fait ? Comment en tant qu'être humain peut-on ressentir autant de haine à l'égard de son prochain ? Et quand bien même il haïrait les Juifs, est-ce une raison pour leur vouloir du mal ? Tu me trouves sans doute bien naïve... Pourtant, je ne le suis pas, je ne le suis plus. Je cherche juste à comprendre ce que personne n'est en mesure de m'expliquer. Vati dit toujours que l'on peut tout expliquer...

– Alors pourquoi ne peux-tu m'expliquer les agissements de Hitler ? lui ai-je demandé.

– Parce qu'il n'y a pas d'explication à son attitude. L'expliquer serait lui trouver des justifications. Dis-toi juste qu'il s'agit ni plus ni moins de folie, d'hystérie même. Cet homme est dément. Ça se voit sur son visage, ça se sent dans ses discours...

Berlin, le 20 novembre 1938

Vati m'a conseillé de te cacher, journal. Nous nous y sommes employés ce matin. Le jeu a consisté pour moi à te dénicher la meilleure cachette et pour Vati à te trouver, ce qu'il a fait sans peine les trois premières fois. La quatrième fut la bonne. Je me suis rendu compte que certaines lattes du parquet étaient disjointes. À l'aide d'un couteau, j'en ai descellé trois, ai glissé mon carnet dessous, puis les ai remises à leur place, prenant soin de les recouvrir du tapis de ma chambre. Ni vu ni connu ! Et effectivement, Vati ne t'a pas trouvé.

Maintenant, il faudra que je fasse attention à ne jamais t'oublier sur mon bureau ou mon lit !

Devine quel est le mot qui revient le plus souvent dans nos conversations, désormais ? *Verboten !* Interdit !

Tout nous est interdit : interdit d'exercer un métier, interdit d'aller à l'école, interdit de se marier ou d'avoir une relation avec un non-Juif, interdit d'employer des Aryens de moins de quarante-cinq ans. Interdit, interdit, interdit ! Bientôt, pour nous, vivre aussi sera interdit ! *VERBOTEN !*

De plus en plus de nos amis et même des membres de notre famille quittent l'Allemagne pour le Canada ou les États-Unis. Je les ai vus partir en pleurant, déchirés d'avoir à quitter leur pays, leur terre, laissant tout derrière eux.

À ce sujet, j'ai surpris une dispute entre Vati et Mutti.

– Partons, nous aussi ! le conjurait-elle. Avant qu'il ne soit trop tard ! Pense à Ilse ! Je ne me le pardonnerais pas s'il lui arrivait quelque chose.

– Tout cela finira par s'apaiser ! l'a rassurée Vati. Ce n'est qu'un feu de paille. Cela ne peut durer. Un peuple aussi civilisé, aussi policé, cultivé que le nôtre ne va pas se laisser entraîner dans cette hystérie. Et puis, il y a mes parents, Rosa ! Comment leur demander à leur âge de tout quitter, d'abandonner le travail de toute une vie ? Ils en mourraient, à coup sûr. Et pas question de partir sans eux, n'est-ce pas ? De les laisser ici, seuls ?

– Non, certes, a soupiré maman. Mais je pense

sincèrement que nous commettons une erreur en restant là.

Je crois qu'elle a raison.

Berlin, le 22 novembre 1938

Opa et Oma sont venus nous rendre visite, hier soir. Oma ne sort pourtant pratiquement plus de chez elle. Elle est fatiguée de tant de malheurs, et ne se remet pas du départ de ma tante Martha, la sœur de Vati, pour l'Angleterre. J'ai donc tout de suite compris qu'il se passait quelque chose de grave. Mais cette fois, pas question de les laisser conspirer entre eux. J'estime ne plus être une enfant et avoir le droit de savoir, le droit de m'exprimer aussi. Mes parents étaient d'accord pour que j'assiste à leur conversation, mais Opa a fait la moue. Pour lui, je reste la petite fille que j'étais encore il y a peu. Je n'ai pourtant plus rien à voir avec elle.

– Voilà, nous a dit Opa, contenant mal son émotion, nous sommes venus vous demander de quitter l'Allemagne au plus vite.

– Mais..., a tenté de protester Vati.

– Tu te tais et tu m'écoutes, mon fils ! Nous sommes trop vieux, ta mère et moi, pour entreprendre une vie ailleurs. Ici nous sommes nés et ici nous mourrons. Mais vous, vous avez toute la vie devant vous. Il faut penser à la petite, à votre avenir. Et nous savons très bien que si vous ne partez pas c'est uniquement à cause de nous. Nous nous refusons à être un poids. Nous sommes vieux et il ne nous arrivera pas grand-chose. Mais vous, vous êtes en danger. Et nous ne supportons pas l'idée qu'il puisse vous arriver malheur par notre faute. Oma et moi avons de l'argent sur lequel ils n'ont pas mis la main. Nous n'avons plus aucun besoin. Cet argent est à vous. Il vous paiera le voyage, les visas et votre future installation...

– Il n'est pas question que nous partions sans vous ! a décrété Vati.

– Si, vous partirez sans nous, dans un premier temps. Et peut-être que nous vous rejoindrons plus tard.

Je suis sûre qu'Opa ne pensait pas un traître mot de ce qu'il venait de dire, c'était juste pour déculpabiliser Vati.

Et visiblement c'est ce que mon père voulait entendre.

– Qu'en penses-tu, Rosa ? a-t-il demandé à Mutti.

– Partir... Tout abandonner..., a-t-elle murmuré, déchirée, comme si elle réalisait soudain ce que ce mot voulait dire.

– Ma pauvre Rosa, a alors dit Opa, tel est le sort

des Juifs. Partir, toujours partir… Et ça fait deux mille ans que nous sommes en partance… Peut-être que cette fois, ce sera la bonne…

Oma a opiné tristement de la tête.

– Et toi, Ilse ? m'a alors demandé mon père.

Je n'attendais que ça !

– Je pense qu'ils ont raison, qu'il faut partir, ai-je répondu, évitant de regarder Oma qui tremblait de tout son être.

Ma grand-mère, ma chère grand-mère ! Que ces paroles t'auront blessée ! Pourtant, je savais qu'il fallait que je les prononce, qu'il fallait que j'abonde dans votre sens ! C'est ce que vous attendiez de moi, sinon, jamais Vati n'aurait accepté de partir, de vous abandonner.

Mais je n'ai pu m'empêcher de me jeter dans les bras d'Oma.

– Il ne faut pas vous inquiéter pour nous, a-t-elle fait d'une toute petite voix. Nous avons de la peine, bien sûr, une peine immense. Mais nous en aurons bien plus encore s'il vous arrive malheur… Vous savoir à l'abri sera notre plus grand réconfort.

– Dès demain, Martin, tu t'occupes de vos visas ! l'a interrompue Opa d'un ton qui se voulait ferme. Chaque minute est précieuse. Je veux vous voir partir au plus vite.

– Partir où ? a demandé Vati.

– En Angleterre, rejoindre ta sœur. Elle y est bien installée, elle et Jakub ont trouvé du travail et gagnent correctement leur vie. Vous devriez obtenir un visa sans trop de difficultés. Sinon, l'Amérique.

– Et pourquoi pas la Palestine ? ai-je laissé échapper, la destination me paraissant tellement plus romanesque.

Les regards horrifiés de toute la famille ont convergé vers moi.

– La Palestine ! a dit Vati. Tu n'y penses pas sérieusement, Ilse ! Quitter une misère pour en trouver une autre ? Il faudrait être fous.

Ils m'ont alors tourné le dos. Je n'avais plus droit au chapitre.

Pourtant, s'il faut tout quitter, c'est là-bas que j'aurais aimé m'installer. Là-bas, au pays de Canaan, en Terre promise, au pays où coulent le lait et le miel, et surtout au pays où personne ne me renverrait de l'école.

La soirée s'est terminée de la manière la plus triste qui soit. Quand mes grands-parents se sont levés pour prendre congé, j'ai eu l'impression qu'ils avaient vieilli brutalement de vingt ans. Oma m'a longuement serrée dans ses bras, m'embrassant et m'embrassant encore. J'aurais tant voulu qu'ils partent avec nous !

Berlin, le 1ᵉʳ décembre 1938

Tu te seras sans doute inquiété de ne pas me voir pendant ces huit jours.

Si je ne t'ai pas repris, c'est tout simplement parce qu'il nous est arrivé un grand malheur. Le lendemain de la visite de mes grands-parents, au matin, on les a retrouvés morts, tous les deux, dans leur lit, main dans la main. Il y avait longtemps que leur pharmacie avait été fermée mais sans doute avaient-ils gardé de quoi mettre fin à leurs jours. Ils nous ont laissé une lettre d'adieu nous disant que les choses valaient mieux ainsi, qu'ils n'avaient plus ni la force ni le courage d'assister à la déchéance de leur chère patrie. Qu'ils nous souhaitaient tout le bonheur du monde, ailleurs, n'importe où, mais loin de cette Allemagne qu'ils avaient tant aimée. Ils nous demandaient aussi de ne pas être tristes, qu'ils avaient eu une belle vie et une belle fin de vie puisqu'ils partaient rassurés quant à notre sort.

Nous les avons enterrés dans la douleur. Vati a prononcé le Kaddish, la prière des morts, puis nous avons porté le deuil pendant sept jours.

Désormais, mes chers grands-parents reposent en paix. Seule cette idée parvient à me réconforter. Au moins toutes ces horreurs leur seront épargnées… Mais j'ai mal, si mal de leur absence, de leur sacrifice.

Vati ne cesse de se reprocher d'avoir accepté leur proposition. Mutti essaie de nous consoler tant bien que mal, nous assurant qu'ils n'avaient pas pris cette décision à la légère… Si seulement nous avions su ce qu'ils avaient en tête…

Berlin, le 3 décembre 1938

Vati s'occupe activement de notre départ, ce qui l'aide quelque peu à supporter sa douleur.

Tu vas rire, aujourd'hui c'est « la journée de la solidarité allemande » ! À cette occasion, les Juifs ont interdiction de montrer le bout de « leur long nez crochu » entre midi et huit heures du soir !

Vati en a profité pour vérifier mon niveau de connaissances et m'a fait travailler sans relâche tout l'après-midi. Alors ne m'en veux pas si je ne suis pas très bavarde ce soir, mais trop fatiguée.

Berlin, le 5 décembre 1938

Je passe le plus clair de mon temps à lire et rêvasser dans ma chambre. Je ne vois plus personne… Plus personne ne vient me voir, plus personne ne s'intéresse à moi, à ce que je deviens. À croire que je n'ai jamais existé dans le cœur de qui que ce soit...

Heureusement qu'il est là, lui ! Je le vois de ma fenêtre. Tous les matins, tiré à quatre épingles, il enfourche sa bicyclette, ses livres et cahiers coincés sur son porte-bagages. Il doit avoir seize ou dix-sept ans. Je ne l'avais jamais remarqué avant. Et lui ignore mon existence. Je guette ses allées et venues. Il rentre du Gymnasium vers quatre heures et ressort aussitôt de chez lui dans son uniforme : chemise brune, culotte noire, ceinturon et brassard à croix gammée. Je sais que ce que je vais te dire là est affreux mais je le trouve superbe ! Il incarne pour moi toute la beauté et toute l'horreur à la fois. Il est blond aux yeux bleus, grand, mince, l'allure sportive, le parfait Aryen. Comment un garçon en apparence aussi parfait peut-il servir une cause aussi atroce que le nazisme ? Bien sûr, il n'y a aucune chance pour moi de fréquenter ce genre de garçon. J'en suis même à me demander si j'en fréquenterai jamais un, quel qu'il soit ; vu les circonstances et mon isolement, cela me paraît très compromis, du moins dans les mois à venir. Mais l'observer, épier ses allées et venues, m'amuse. Surtout qu'il ne se doute nullement que je l'espionne. S'appelle-t-il Hans ? Oui, il a une tête à s'appeler Hans.

Comme je n'ai rien à faire d'autre que de lire, je dévore les journaux qu'apporte Vati à la maison. Qui l'aurait cru ? Qui aurait cru qu'un jour, moi, Ilse, je m'intéresserais à la politique, au monde... Je suis sûre que si je disais ça à Helga, elle serait morte de rire ! Je ne cesse de penser à elle, espérant un signe de sa part...

J'ai donc découvert dans le journal que la Nuit de cristal était soi-disant un mouvement spontané de révolte nationale en réponse à l'assassinat d'un employé à l'ambassade d'Allemagne à Paris ! C'est un étudiant juif polonais de dix-sept ans qui lui a tiré dessus, fou de douleur après l'expulsion de ses parents d'Allemagne vers un camp en Pologne. Quand j'en ai parlé à Vati et Mutti, ils ont dit que ce jeune Juif était probablement déséquilibré, ou alors qu'il ne mesurait absolument pas les conséquences de son acte. Pourtant, moi, je trouve qu'il a été extrêmement courageux, que c'est un geste noble et héroïque ! Si tous les jeunes Juifs osaient tirer sur des nazis, ce serait toujours ça de gagné. Oh, si seulement quelqu'un osait tirer sur Hitler !

Quand j'ai essayé d'expliquer ça à Vati, c'est tout juste s'il ne s'est pas mis en colère. Il m'a dit que je réagissais encore comme une petite fille et que je ferais bien de gagner en maturité !

Honnêtement, journal, parfois je me demande qui est le moins mûr !

Berlin, le 8 décembre 1938

Ô, cher journal, j'en ai encore le cœur qui palpite ! Figure-toi que ce matin, alors que Hans s'apprêtait à enfourcher son vélo, il a remarqué que son pneu était à plat. Pendant qu'il le regonflait, je ne sais pas ce qui s'est passé exactement... A-t-il senti que quelqu'un l'observait ? Le fait est qu'il s'est soudain arrêté, a regardé autour de lui, puis a levé la tête vers ma fenêtre. Je n'avais même pas pensé à me dissimuler derrière le rideau. En principe, il n'avait aucune raison de regarder dans ma direction. J'étais pétrifiée. Il m'a observée pendant un moment qui m'a semblé interminable, puis m'a adressé un petit signe de la tête. Cher journal, sais-tu ce que l'idiote que je suis a fait ? Eh bien je me suis cachée ! Quelle honte ! Il a forcément cru avoir affaire à une demeurée !

Plus jamais je n'oserai me mettre à ma fenêtre, désormais.

Berlin, le 10 décembre 1938

Vati a décidé que nous partirions en Amérique.

– Mais enfin, Martin, il est quasiment impossible d'obtenir des visas pour l'Amérique ! a protesté Mutti, alors que nous déjeunions. Leur quota d'immigration se réduit comme une peau de chagrin.

– Je sais, a admis Vati, mais j'ai des relations, des sympathies, çà et là. On a promis de m'aider. Il faut garder espoir, Rosa. Et être prêts à partir au plus vite, brutalement même, du jour au lendemain, en n'emportant avec nous que le strict nécessaire. Si toutefois nous n'obtenions pas de visas pour l'Amérique, j'ai appris qu'un comité d'entraide pour les universitaires juifs s'est mis en place à Londres. Nous pourrions alors rejoindre ma sœur en Angleterre.

Le regard désespéré que Mutti a alors jeté autour d'elle, sur son intérieur confortable et douillet, ne m'a pas échappé. Pauvre Mutti ! Que de douleurs, que d'angoisses elle endure en silence, essayant en permanence de garder bonne figure !

– Rosa, je sais ce que tu ressens. Mais nous sommes jeunes encore, et vigoureux. Nous reconstruirons notre vie ailleurs. Et je fais le serment qu'elle sera au moins aussi heureuse que celle que nous avons vécue ici. Notre place n'est plus en Allemagne. Nous y sommes en danger. En danger de mort !

Vati a totalement raison. Il suffit de se promener dans les rues pour comprendre que nous ne sommes qu'au début de nos misères. Sur les murs de la ville, sur les panneaux des tramways, dans les vitrines des magasins, partout on peut lire leurs horribles slogans comme : « Celui qui achète chez le Juif trahit le peuple » ou « On ne veut pas de Juifs dans notre quartier ». Et plein d'autres encore du même genre. Je marche désormais tête baissée pour ne pas voir, faire comme si tout ça n'existait pas. Mais crois-moi, cher journal, l'exercice est difficile. Je me sens si blessée, si humiliée. Finalement, je préfère rester terrée à la maison.

Vati multiplie les allées et venues en démarches de toutes sortes. Il semble de plus en plus déprimé, abattu.

Ce midi, il nous a confié à Mutti et moi :

– Je commence à craindre qu'il ne soit déjà trop tard, qu'ils ne nous laisseront plus partir.

Un frisson m'a alors parcouru tout le corps. Resterons-nous prisonniers des nazis ? Si c'était le cas, je ne donne pas cher de nos vies. Mais je n'ai que treize ans, et je veux vivre ! Chaque jour, nous apprenons des nouvelles plus terribles les unes que les autres, telles que les tortures infligées à de pauvres vieux Juifs dont les nazis brûlent les barbes, qu'ils rouent de coups dans la rue, dont ils arrachent les chapeaux. Quels lâches ! Sans parler de tous ceux qu'ils arrêtent, et dont les familles n'entendent plus jamais parler. Vati nous a interdit à Mutti et moi de sortir dans la rue. Nous sommes prisonnières dans notre propre appartement. Mutti s'occupe en faisant de la couture. À partir d'anciennes robes, elle m'en confectionne de nouvelles. Mais où et quand les mettrais-je ?

Quant à moi, j'erre comme une âme en peine. Jamais je n'aurais cru qu'il était possible de tant s'ennuyer. Dans les rues, Noël se prépare. Ah, que j'aimais cette ambiance, avant !

Avant... c'est fini ! Mon cœur se serre rien que d'y penser.

Berlin, le 12 décembre 1938

J'en suis encore toute tremblante, cher journal ! Il faut que je te raconte. J'étais en train de lire tranquillement, quand j'ai entendu un bruit sourd contre le carreau de ma chambre. J'ai poussé un cri, craignant que ce soit le début d'une nouvelle Nuit de cristal, et me suis précipitée à la fenêtre. Et là, stupeur, qui vois-je ? Hans ! Enfin, celui que j'appelle Hans me faire des grands signes pour que j'ouvre ma fenêtre. Qu'ai-je fait, selon toi ? Non, je te rassure, cette fois je ne me suis pas cachée, j'ai ouvert ma fenêtre, tiens !

– Hé, puis-je savoir pourquoi tu m'espionnes ? m'a-t-il alors demandé avec un aplomb digne de l'uniforme qu'il porte.

– Non, mais dis donc ! lui ai-je rétorqué. Pourquoi t'espionnerais-je ? Pour qui tu te prends ?

J'avais marqué un point, car il n'avait plus l'air si sûr de lui.

– Ben, je ne sais pas, j'ai l'impression que tu passes tes journées derrière ta fenêtre à m'épier.

– Franchement, j'ai mieux à faire de mes journées, tu sais.

– Mais tu ne vas pas à l'école ?

Ce grand dadais ne sait-il pas que ça m'est interdit ? me suis-je d'abord demandé. Mais ensuite, la certitude m'est venue qu'il ne savait pas que je suis juive. Effectivement sans nez crochu, sans griffes à la place des ongles, ainsi qu'on nous représente sur les affiches, comment aurait-il pu m'identifier ? Et d'autant moins avec mes cheveux roux et mes yeux verts. Décidément, j'ai tout pour tromper l'ennemi.

– Tu es malade ? a-t-il insisté.

– Oui, en quelque sorte !
– Et c'est quoi ta maladie ?
– La peste.
– La peste ! s'est-il écrié, horrifié. Je croyais que ça n'existait plus.
– Moi aussi !

Et j'ai refermé brusquement la fenêtre. Il a dû me prendre pour une folle ! Mais je ne suis pas folle, non, juste pestiférée, et je me demande si ce n'est pas pire !

Berlin, le 15 décembre 1938

Vati est revenu complètement abattu.
– Le consulat américain est assiégé tous les jours, à partir de six heures du matin et jusqu'au soir, par une foule de candidats au départ. De plus, pour obtenir les visas, il faut avoir de la famille là-bas, des parents qui se portent garants par un *affidavit*.
– Un quoi ? ai-je demandé.
– Un *affidavit*. C'est un document officiel attestant que le proche dans le pays d'accueil s'engage à subvenir aux besoins de l'émigrant. De plus, pour y être admis en tant que professeur, il aurait fallu que je sois déchu de mon poste depuis moins de deux ans, tout au plus, ce qui n'est pas mon cas. Dans la file

d'attente, j'ai rencontré de nombreux intellectuels, des connaissances, d'anciens collègues. En désespoir de cause, certains vont essayer de se faire engager comme domestiques en Angleterre, en couple. De nombreuses familles aisées acceptent de venir ainsi en aide aux Juifs allemands. Tu nous vois, domestiques, Rosa ?

– Domestiques, non, mais nous pourrions y rejoindre ta sœur. Je ne vois pas pourquoi tu t'obstines avec les États-Unis !

– Parce que je refuse d'être à la charge de ma jeune sœur et que je pense avoir plus de débouchés en Amérique, voilà !

Mutti, comme à son habitude, s'est contentée de soupirer.

Quant à moi, j'adore Vati, mais parfois, je ne le comprends pas. Je trouve que le moment est mal choisi pour jouer les orgueilleux. N'a-t-il pas dit lui-même que c'est une question de vie ou de mort ?

L'Angleterre me tente bien. Je garde de ma tante Martha un souvenir lumineux. Quand Vati l'a informée du décès de mes grands-parents, il a eu le plus grand mal à la dissuader de revenir à Berlin pour les obsèques. Elle l'a alors supplié de les rejoindre à Londres pour que la famille, ou du moins ce qu'il en reste, se retrouve dans un pays où on ne se lève pas, chaque matin, la peur au ventre, craignant pour sa vie et celle des siens !

Berlin, le 20 décembre 1938

Je te néglige, journal. Je n'ai plus le cœur à rien. Même les allées et venues de Hans ne m'intéressent plus. Si nous ne partons pas tout de suite, je crois que je vais finir par devenir folle.

Le matin, quand j'ouvre les yeux, je me dis, voilà, c'est fini, tout ça n'était qu'un cauchemar. Tu vas faire ta toilette, t'habiller, rejoindre Mutti et Vati à la cuisine pour le petit déjeuner, puis tu iras à l'école avec Helga ta meilleure amie...

Mais ce n'est pas un cauchemar. C'est la réalité !

Mutti pleure beaucoup.

Moi aussi, mais en cachette. Je ne veux pas ajouter à leur peine. Ils ont tant de soucis.

Berlin, le 31 décembre 1938

Jamais je n'aurais cru passer des fêtes de fin d'année de manière aussi triste, aussi désespérée, même. Cette nuit, à minuit, les Juifs n'oseront sans doute pas se souhaiter une bonne année. Peut-être dirons-nous : « Que cette année qui vient soit moins terrible que la précédente ! »

Berlin, le 6 janvier 1939

Aujourd'hui, Vati semble à nouveau plein d'espoir.

Il paraîtrait qu'il est encore possible d'obtenir des visas pour Cuba.

– Ils en demandent un prix exorbitant, mais nous avons l'argent de mes parents. De toute manière, il faut faire vite et arrêter de tergiverser ! a-t-il dit d'une voix ferme et assurée. Il n'est plus question de faire les difficiles. Nous partirons là où il est encore possible de partir, là où l'on voudra bien de nous. Et si c'est le cas de Cuba, alors nous irons à Cuba.

Malgré toute sa réserve, Mutti a affiché une mine horrifiée. Quant à moi, je m'en fiche. Et puis, je suis de l'avis de Vati. L'essentiel maintenant est de partir, de quitter ce pays avant qu'il ne soit trop tard.

Au fait, avec tous ces chagrins, je me rends compte que je ne t'ai plus reparlé de Hans, qui ne s'appelle pas Hans mais Gerhard. Il a compris que je suis juive mais cela n'a pas semblé le perturber. Tous les soirs, en rentrant du Gymnasium, il actionne la sonnette de son vélo et nous discutons un peu. Pas trop longtemps, car de la fenêtre ce n'est pas très confortable ni très discret. Et je n'ose pas descendre dans la rue, malgré son insistance. C'est un très gentil garçon qui dit détester tout ce qui se passe en ce moment.

– Oui, j'ai honte de ce qui est en train de se passer dans notre pays ! m'a-t-il affirmé, l'autre soir.

– Dans ton pays, ai-je rectifié. Ce n'est plus mon pays.

– Je suis désolé pour toi, Ilse, vraiment.

– Pourquoi portes-tu cet uniforme, alors ?

– Pour avoir la paix ! m'a-t-il avoué en rougissant. C'était le seul moyen pour qu'ils cessent de me harceler, tu comprends ? Mais je te jure que je n'en ai rien à faire de leur doctrine. Moi, j'aime les bouquins, la musique, la poésie... Le reste, je m'en fiche. Sache que tous les Allemands ne sont pas des nazis.

– Je sais, lui ai-je répondu, mais tout le monde se tait, tout le monde a peur.

Il a hoché la tête pour me montrer qu'il était d'accord avec moi, puis il est rentré chez lui. Je pense qu'il partageait sincèrement mon accablement. Et ça m'a fait chaud au cœur de savoir que ce garçon presque inconnu de l'autre côté de la rue pensait à moi.

Un jour, bientôt sans doute, je ne répondrai pas à son coup de sonnette car je serai partie. Notre départ doit demeurer secret. Mais je pense qu'il sera content pour moi.

Finalement, Gerhard sera mon dernier et unique bon souvenir de l'Allemagne !

Berlin, le 17 janvier 1939

Nous vivons dans l'incertitude absolue. Apparemment, il est devenu quasiment impossible pour les Juifs de quitter l'Allemagne, si ce n'est clandestinement.

La vie quotidienne n'est qu'une longue série d'interdictions. Nous croulons sous les impôts inventés spécialement pour les Juifs.

Mutti a dû remettre son argenterie héritée de sa grand-mère. Elle ne s'en console pas. Nous n'avons plus le droit de posséder une bicyclette, un poste de radio.

Quant à moi, toute la journée, je guette le retour de Vati, craignant qu'il se fasse arrêter comme cela arrive à plein de gens. J'ai si peur de me retrouver seule avec Mutti.

Gerhard fait de son mieux pour me réconforter.

Il ne manque jamais de m'adresser un signe de tête, un sourire, un geste de la main. Et c'est déjà beaucoup !

Berlin, le 30 janvier 1939

Vati ne nous fait même plus part de ses démarches.

– Tant que je n'aurai pas les billets dans la poche, ce n'est pas la peine de vous donner de l'espoir ! nous a-t-il dit.

Mutti s'enferme elle aussi dans un terrible silence.

Et moi, je ne fais pratiquement plus rien de mes journées. Je refuse de lire les journaux, je n'arrive plus à me concentrer sur le moindre livre et je n'ai même pas envie d'écrire.

Et puis, parfois, je me dis qu'il faut que je me force à écrire tout ça, parce que peut-être qu'un jour quelqu'un te trouvera, cher journal, alors que j'aurai probablement disparu avec ma famille, que les nazis nous auront assassinés. Tu serviras alors de preuve, de témoignage, et les gens sauront que ça a existé.

Voilà pourquoi je vais essayer d'écrire plus régulièrement, même si c'est si difficile, même si j'ai les larmes qui perlent systématiquement dès que je t'ouvre, et dès que je te referme.

Berlin, le 7 février 1939

Ce matin, Helga rôdait devant la maison. Elle ne cessait de regarder en direction de ma fenêtre mais j'ai pris soin de ne pas me montrer.

Si elle voulait vraiment me voir, elle n'avait qu'à sonner à ma porte !

De toute manière, je ne voulais pas lui parler, l'entendre me raconter son agréable petite vie d'Aryenne et avoir à lui raconter ma vie de pestiférée. Mais Gerhard est arrivé et je les ai vus discuter ensemble.

Il a alors fait sonner sa bicyclette. Je n'ai pas répondu.

Helga ne fait plus partie de ma vie.

Berlin, le 8 février 1939

Gerhard voulait savoir pourquoi je n'ai pas répondu à son appel, hier.

Je lui ai expliqué ce que je pensais de Helga et de sa conception de l'amitié.

Il a compris ce que je ressentais.

Mais il a ensuite reconnu que dans sa classe aussi, les Juifs avaient été exclus et que personne ne s'en inquiétait. Puis il a ajouté :

– Le meilleur ami et associé de mon père était juif, lui aussi. Sa famille et lui ont quitté l'Allemagne pour l'Australie, il y a quelques mois. Mon père continue à correspondre avec lui et regrette beaucoup son absence. Pourtant, cela ne l'empêche pas de sympathiser avec les idées nationales-socialistes. Je me demande ce qu'il aurait fait si son ami s'était trouvé en danger...

Le regard de Gerhard s'est voilé... J'ai compris qu'il n'était pas sûr que son père aurait pris des risques pour un Juif, même son meilleur ami...

Berlin, le 26 février 1939

Écrire et raconter m'est de plus en plus pénible.

Ne m'en veux pas, cher journal, mais j'aimerais tellement pouvoir t'annoncer enfin notre prochain départ. J'aimerais tellement que ce soit possible. Vati y croit de moins en moins. S'il n'y avait l'argent d'Opa et Oma, nous serions déjà devenus des mendiants.

Aujourd'hui encore, tu n'auras droit qu'à ces quelques lignes.

Et je crois que je ne te reprendrai que le jour où je serai en mesure de t'annoncer la grande nouvelle, si un tel jour vient !

Berlin, le 14 avril 1939

Chose promise, chose due !

Deux mois de silence, c'est long.

Mais ce que j'ai à t'annoncer est si incroyable, si merveilleux, si romanesque aussi !

Bon, ce n'est pas encore complètement sûr, mais, si tout va bien, nous partirons bientôt pour La Havane, capitale de Cuba !

Hitler est devenu fou ! Enfin, encore plus fou qu'il ne l'était déjà ! Le fait est qu'il a donné sa bénédiction à la décision de son cher ministre Goebbels de laisser les Juifs quitter librement l'Allemagne en échange de tous leurs biens, et ce, après avoir payé une taxe en reconnaissance de la « générosité » du Reich !

Qu'ils prennent tout, je m'en fiche ! Je ne veux rien emporter avec moi, si ce n'est le strict nécessaire. Je ne veux garder aucun souvenir.

Un premier bateau emportant avec lui un millier de Juifs partira prochainement.

Je ne peux y croire !

Mutti est sûre qu'il s'agit là d'un piège, que nous allons tous être déportés dans leurs affreux camps de concentration, où alors qu'ils vont faire sauter le bateau en pleine mer.

Elle a peut-être raison, mais avons-nous le choix ?

Vati a dit qu'il fera tout ce qu'il faut pour obtenir des billets.

La partie est loin d'être gagnée, je le sais. Elle ne le sera que lorsque nous serons sur ce bateau. Mais au moins nous avons repris espoir.

Berlin, le 16 avril, tard le soir

Vati s'est rendu au consulat cubain où il a fait la queue toute la journée.

Il a obtenu nos trois visas d'entrée. C'est une première victoire. Un premier pas vers la LIBERTÉ.

Maintenant, il lui faut acheter les billets de bateau.

Mon Dieu, fasse qu'il réussisse !

Berlin, le 20 avril 1939

Trouver une agence de voyages qui ait encore des billets est quasiment impossible. Toutes ont été prises d'assaut !

Que d'angoisses !

Berlin, le 22 avril 1939

Toujours rien.

Désespoir général.

Vati est à bout de forces mais ne baisse pas les bras. Comme je suis fière de lui et comme je l'admire. Il fait tout ce qu'il peut pour nous cacher ses inquiétudes. Mais personne n'est dupe. Nous savons pertinemment, Mutti et moi, que nous sommes en grand danger et que nos chances de nous en sortir sont minimes. Pourtant, nous faisons tous semblant d'y croire encore !

Berlin, le 25 avril 1939

Visite surprise ce soir. Madame Shriber, une ancienne collègue de Vati, est venue nous voir. C'est une antinazie convaincue, mais elle a peur, nous a-t-elle dit, comme tout le monde. Toutefois, elle a entendu parler de ce bateau en partance pour Cuba par son frère qui a une agence de voyages. Elle a aussitôt pensé à nous, et lui a demandé de nous garder trois places.

Vati doit aller à l'agence demain matin, à la première heure.

Elle nous a serrés l'un après l'autre dans ses bras, en nous souhaitant bonne chance.

Vati pleurait en la raccompagnant à la porte.

Espoir, donc. À nouveau.

Berlin, le 26 avril 1939

*E*n rentrant à la maison, Vati a sorti de son portefeuille les trois billets pour La Havane.

– C'était *in extremis* ! J'ai eu les derniers !

Jamais bout de papier nous aura semblé plus précieux !

Aucun de nous n'ose encore vraiment y croire.

Ne reste plus qu'à acheter les billets de train pour le port de Hambourg.

Le jour du départ est prévu pour le samedi 13 mai.

Le 13 ! Ce chiffre nous portera-t-il bonheur ?

Mais nous n'y sommes pas encore.

Il va falloir patienter, dans l'angoisse d'un revirement, d'un changement d'avis, d'une contre-décision, d'une nouvelle loi, de nouvelles interdictions.

Comment tiendrons-nous le coup ?

Au fait, j'ai oublié de te dire l'essentiel : le navire qui va nous emmener au bout du monde, celui qui va nous sauver la vie, s'appelle le *S.S. Saint-Louis*.

Berlin, le 30 avril 1939

Nous ne mettons pratiquement plus le nez dehors par crainte que l'un d'entre nous ne soit arrêté. Mutti m'a demandé de faire le tri dans mes affaires et de n'emporter avec moi que le strict nécessaire : mes vêtements, surtout, et une ou deux choses auxquelles je tiens plus particulièrement. Ce sera vite fait, je ne tiens plus à rien, à rien qui me rattache encore à ce pays maudit. Je ne prendrai avec moi que mon journal, ma petite boîte à musique, dernier cadeau d'Opa, et deux ou trois livres. Le reste, je le leur laisse !

Berlin, le 6 mai 1939

Nous partons demain pour Hambourg. Vati a eu un mal fou à dénicher un hôtel qui accepte les Juifs, mais il y a mis le prix fort ! Sans l'argent de mes grands-parents, nous aurions été obligés de coucher dans la rue !

Comment te décrire l'état dans lequel je me trouve ?

D'autant que j'ai vu Gerhard ce matin. Je ne pouvais pas partir comme une voleuse. J'ai guetté son retour du Gymnasium et lui ai fait signe de m'attendre devant ma porte.

– Attends ! Ne bouge pas ! J'arrive ! m'a-t-il dit avant de se précipiter chez lui.

Il est ressorti quelques minutes plus tard, tenant un cahier à la main.

C'était la première fois que nous nous voyions de si près. Il faisait si grand, soudain !

– Tiens, c'est pour toi ! m'a-t-il dit.

– Qu'est-ce que c'est ?

– Mon cahier de poésies. J'aime recopier mes poèmes favoris...

– Mais pourquoi me le donnes-tu ?

– En souvenir de moi, de l'Allemagne... Tu y trouveras de nombreux textes de Heine. Heinrich Heine... Tu connais ?

– Quel Allemand ne connaît pas Heine ? Il était juif, tu sais ?

– Je sais. Mais il s'était converti...

– Par obligation ! Sinon, il se serait heurté à toutes les limitations imposées aux Juifs dans les universités allemandes...

– Ce qui n'a pas empêché qu'on brûle ses livres...

Puis il a cité Heine :

– « Là où l'on brûle des livres, on finit par brûler des hommes. »

Nous nous sommes tus. J'ai frissonné.

– Désolé, je ne voulais pas...

J'ai ouvert le cahier pour faire diversion.

– Non, pas maintenant ! Tu le liras plus tard. J'espère juste qu'il te permettra d'emporter au moins un bon souvenir de l'Allemagne ! m'a-t-il soufflé à l'oreille avant d'effleurer ma joue d'un léger baiser. Bonne chance, Ilse ! Bonne chance à toi et aux tiens ! J'aurais préféré faire ta connaissance dans d'autres circonstances... Et donne-moi de tes nouvelles ! Cela me ferait plaisir de te savoir en sécurité.

C'est ma dernière nuit à Berlin ! Ma dernière nuit dans ma chambre, dans mon lit, au milieu de tout ce qui fait ma vie depuis que je suis née. Nous avons toujours habité ici... Et il m'a fallu toutes ces épreuves pour que je réalise combien nous y avons été heureux. Comment oublier la vie douillette que je menais, entourée des miens, mes parents, mes pauvres grands-parents, ma tante Martha, son mari et leurs deux enfants ! Sans compter les nombreux amis que nous comptions... Tout cela envolé, englouti !

Comment ne pas être triste ? Comment ne pas éprouver l'impression d'un horrible gâchis ?

Mais pas question de pleurer, de verser la moindre larme. Tout ce que j'ai aimé ici a certes existé mais n'existe plus ! Ils nous auront tout pris, sauf nos souvenirs de douceur, notre mémoire des jours heureux. Pas la peine de s'encombrer du reste.

Demain, nous entamons une nouvelle vie !

Hambourg, le 7 mai 1939

Je suis épuisée, mon cher journal, mais je ne pouvais m'endormir avant de t'avoir relaté cette mémorable journée !

Ce matin, c'est sous un vent glacial que nous avons quitté Berlin, hostile jusqu'au bout ! Dans la gare, tendue de leurs croix gammées, nous étions une centaine à attendre le départ du train parmi les malles qui s'amoncelaient. Seuls nous, les enfants, affichions une joie bruyante, émerveillés par avance de l'aventure qui nous attendait, mais sans cesse rabroués par nos parents au regard inquiet, au visage tendu, aux yeux remplis de larmes et d'effroi.

– Jusqu'au dernier moment, j'ai cru qu'ils nous empêcheraient de prendre ce train ! a confié mon père en s'affalant enfin sur la banquette à côté de monsieur Klein, un ami perdu de vue de longue date et qu'il a été heureux de retrouver à la gare.

Celui-ci était accompagné de son épouse et de son fils Erich, un garçon un peu plus âgé que moi.

Nous avons fait le voyage ensemble. Maman s'est liée d'emblée à madame Klein, qu'elle ne connaissait que très peu. Je pense que, pour l'une comme pour l'autre, pouvoir parler de leurs malheurs et les partager leur fut d'un grand soulagement. On ne peut pas en dire autant d'Erich et moi... C'est à peine s'il m'a adressé la parole ! Comme compagnon de voyage, ce ne sera pas le meilleur. Je m'en fiche ! Je garderai longtemps au chaud dans ma mémoire le souvenir lumineux de Gerhard, son sourire, sa voix chaude, son regard bleu azur.

Parmi les passagers en partance pour Hambourg, j'ai repéré plusieurs filles de mon âge. Je pense que nous aurons tout le loisir de faire connaissance sur le bateau !

Nous voilà donc installés tous les trois dans cette chambre d'hôtel qui a le mérite d'être spacieuse et confortable. Vati et Mutti dorment déjà, exténués de tant d'épreuves, d'inquiétudes... Cette nuit, ils peuvent dormir sur leurs deux oreilles. Cela fait si longtemps que cela ne leur est pas arrivé !

Mais moi, je suis si excitée...

Excitée, certes, mais épuisée, aussi. Je crois que j'aurai à peine éteint la lampe de chevet que je m'endormirai.

Hambourg, toujours, le 10 mai 1939

Que le temps nous semble long ! Pas question de nous balader ou de faire du tourisme dans Hambourg ! Cette ville n'est guère plus accueillante que Berlin. Nous nous morfondons dans cette chambre d'hôtel, tournant en rond comme des ours en cage.

Heureusement que j'ai le cahier offert par Gerhard.

Le premier poème qu'il y a recopié est extrait de « Germania, conte d'hiver ». J'en reproduis ici, pour toi, quelques extraits :

« Ce fut durant le triste mois de novembre
Que, vers l'Allemagne, j'entamai mon retour... »
« Et dès que j'entendis parler allemand,
Une joie étrange s'empara de moi ;
Il me sembla sentir mon cœur
Saigner avec une immense joie... »

Ça ne risque pas de m'arriver. Les nazis ont sali jusqu'à ma belle langue allemande, qu'ils hurlent désormais plus qu'ils ne parlent.

Hambourg, encore, le 12 mai 1939

Le grand jour est arrivé. Nous embarquons demain !

Je ne sais pas si un jour je reviendrai en Allemagne. J'espère que non, jamais plus je n'y reviendrai !

Je veux l'oublier ce pays, devenir une autre Ilse, ailleurs… Apparemment, nous ne resterons à Cuba que le temps d'avoir nos visas pour l'Amérique. Mais peut-être que Cuba nous plaira ? Peut-être y sera-t-on si bien accueillis que nous n'aurons plus envie d'en repartir. J'ignore s'il y a des Juifs à Cuba… J'ignore tout de ce pays-là. Vati a bien essayé de m'en donner un aperçu, mais que représente un petit point sur une carte ?

Je veux découvrir les choses par moi-même.

Comme la vie est étrange. Il y a peu de temps, j'aurais traité de fou furieux quiconque m'aurait prédit qu'un jour je serais chassée d'Allemagne et partirais vivre à Cuba !

*Sur le S.S. Saint-Louis,
le 13 mai 1939, 23 heures*

Cher journal,

Quand bien même mes yeux se ferment et mes doigts peinent à tenir mon stylo, je ne veux omettre aucun détail, aucun instant de cette merveilleuse aventure qui commence. Tout est tellement extraordinaire. Jamais nous n'aurions cru que nous allions encore connaître des moments de bonheur tels que ceux-ci. Et jamais je n'aurai entendu de plus belle musique que celle produite par le bruit des moteurs qui nous parvient aux oreilles depuis vingt heures, heure à laquelle nous avons levé l'ancre.

Je suis installée avec Vati et Mutti dans une luxueuse cabine… Mais voilà que je commence par la fin alors que chaque heure, chaque minute, chaque seconde de cette journée vaut d'être racontée.

Nous étions donc réveillés de bien bonne heure ce matin, la joie au cœur à l'idée que le moment était enfin venu d'embarquer. Nous nous sommes retrouvés au port, bien avant l'heure indiquée, mais peu nous importait.

Avant de monter à bord, nous avons dû gagner le hangar 76 pour y récupérer notre carte d'embarquement et présenter nos passeports dûment estampillés du « J » réglementaire nous identifiant comme Juif, sans doute au cas où nous l'aurions oublié !

Et le *S.S. Saint-Louis* de la compagnie maritime allemande Hapag s'est alors dressé devant nos yeux ébahis ! Énorme, par sa taille... Majestueux, avec ses cheminées gigantesques peintes en rouge, noir et blanc... Effrayant, aussi, à cause de son pavillon nazi, frappé de sa croix gammée qui flottait au vent... Mais si magnifique en raison de l'espoir qu'il nous offrait enfin !

– Et si tout ça n'était qu'un piège ? n'a pu s'empêcher de murmurer Mutti.

– Pourquoi les nazis nous offriraient-ils un tel voyage après nous avoir fait tant souffrir ? a renchéri madame Klein, que nous avions retrouvée avec sa famille au service des douanes. D'autant que nous sommes le 13 aujourd'hui, et shabbat de surcroît...

– Allons, mesdames, du calme..., a tenté de les apaiser Vati. Les dés sont jetés, maintenant ; nous ne pouvons plus faire marche arrière. Et quel que soit notre sort, il ne pourra être plus mauvais que celui qui nous attendait ici. Je dirais même que je crains le pire pour les pauvres Juifs qui n'auront pu quitter l'Allemagne à temps.

Puis il a ajouté, à voix plus basse, comme pour lui seul :

– La Nuit de cristal n'était qu'un début, qu'un simple aperçu de ce dont ils sont capables.

Je crois être la seule à avoir entendu sa terrible prémonition.

À ce moment-là, alors que je m'efforçais depuis leur mort de les écarter de mon esprit, a surgi l'image de mes grands-parents sur la tombe desquels personne ne se recueillerait jamais. Sera-t-elle seulement épargnée ? Les cimetières juifs sont profanés les uns après les autres...

Les larmes ont perlé et je les ai laissées couler, pour m'en délivrer, une bonne fois pour toutes.

Aux douanes, nous avons été fouillés, un à un, humiliés, insultés, voire frappés pour certains, nos bagages renversés, piétinés.

« Pourquoi subissons-nous tout cela sans broncher, sans réagir ? avais-je demandé un jour à Vati.

– Parce qu'ils sont les plus forts, ma chérie. Parce que nous sommes sans défense, sans armes. Parce qu'ils s'attaquent à des femmes, des enfants, des vieillards, des gens pacifiques à qui nul n'a appris à se battre. »

Je repensais à cette discussion tandis qu'un homme jeune, très jeune même, inspectait ma valise, en jetait le contenu au sol, piétinait mes petites culottes en me regardant en riant. Moi aussi je l'ai regardé, droit dans les yeux, sans rien dire. Il a arrêté net et s'est baissé pour tout remettre en vrac dans ma valise qu'il a refermée en me disant :

– C'est bon, vous pouvez y aller.

Heureusement, car il serait peut-être tombé sur le cahier de Gerhard, et même si celui-là n'a rien de « *Verboten* », il aurait pu lui passer par la tête de me le confisquer.

Quant à toi, mon cher journal, ça ne risquait pas de t'arriver, puisque j'avais pris soin de te dissimuler soigneusement dans la doublure de mon manteau.

J'espère que jamais plus je n'aurai à te cacher désormais.

Que plus aucun de nous n'aura à se cacher.

Que je n'aurai plus jamais à vivre de telles humiliations !

Quand, enfin, nous nous sommes retrouvés au pied de la passerelle, je n'avais plus qu'une hâte : embarquer, quitter à jamais cette terre, ce pays, ces gens...

– Mon Dieu, je voudrais déjà être à bord ! n'ai-je pu m'empêcher de laisser échapper alors qu'Erich était juste à côté de moi.

– Moi aussi ! a-t-il soupiré, mais j'espère que nous n'aurons pas à y subir le même traitement qu'ici. Parce que là, hormis sauter par-dessus bord, nous n'aurons pas d'échappatoire possible.

Se rendant sans doute compte de l'effroi dans lequel sa remarque m'avait plongée, il m'a souri. C'était la première fois. Et ce sourire a été pour moi une sorte de bouffée d'oxygène, un souffle de liberté qui s'annonçait. Je pense que je lui serai à jamais reconnaissante de m'avoir offert ce sourire à un moment où rien n'aurait pu me faire plus plaisir.

Et tout de suite, il m'a lancé :

– Ilse, ne fais pas cette tête ! Je plaisantais ! Si on n'a plus le droit de plaisanter...

Il s'est alors penché, pour me chuchoter à l'oreille :

– Ce n'est pas avec nos parents que nous pouvons le faire, n'est-ce pas ? Regarde donc dans quel état ils sont, les pauvres !

Il avait raison. Nos malheureux parents faisaient peine à voir. Et pouvoir oublier nos misères, même de manière fugace, était plus que salutaire pour mon moral, et le sien !

Et je lui ai rendu son sourire.

Bon, Erich ne ressemble en rien à Gerhard et je ne pense pas que je pourrais tomber amoureuse d'un garçon aussi secret ; mais finalement, il pourrait être un excellent compagnon de voyage.

Nous avons piétiné des heures en attendant notre tour d'embarquer.

Quand enfin nous avons pu emprunter la passerelle, j'ai été prise d'une joie sans égale.

« Adieu l'Allemagne ! Adieu les nazis ! » avais-je envie de hurler.

Si tu avais vu la tête de Mutti quand un steward vêtu de blanc lui a proposé de se charger de ses bagages en l'accompagnant à sa cabine ! Elle a affiché une mine si stupéfaite que nous n'avons pu nous empêcher d'éclater de rire. Je ne me souviens pas nous avoir entendus rire ainsi depuis des siècles !

J'ai beau vouloir tout dire, tout écrire pour ne rien oublier, là le sommeil me submerge. La cabine est si confortable, les draps si propres, si frais...

Je continuerai demain... Promis !

*Sur le Saint-Louis, le 14 mai 1939
(au tout petit matin)*

Il est encore très tôt. Ma couchette est près du hublot. Quel spectacle, mon cher journal ! À l'horizon, les premiers rayons du soleil donnent à la mer des reflets orangés. Malgré ma fatigue, je n'ai pas très bien dormi. Est-ce à cause de l'excitation à l'idée de cette journée qui s'annonce, de cette vie qui s'annonce ? Le fait est que me voilà dans l'impossibilité de me rendormir, alors autant en profiter pour poursuivre mon récit de la journée d'hier.

Dès les premiers pas sur ce bateau, nous sommes allés de surprise en surprise.

D'abord, la gentillesse et le respect des membres de l'équipage à notre égard...

Nous avions fini par oublier que nous étions des êtres humains à part entière, car voilà que je m'étonne d'une chose aussi normale...

Mais bon, je pense que ces derniers mois passés en Allemagne sont une parenthèse que la nouvelle vie qui s'offre à moi désormais aura tôt fait d'effacer.

Nous avons donc en premier lieu découvert notre cabine. Spacieuse, confortable, luxueuse même, digne d'un grand hôtel ! C'est horrible ce que je vais te dire, mon cher journal, mais j'ai décidé de tout te confier, même les pensées les plus absurdes, les plus farfelues qui parfois me viennent à l'esprit, et là, je pense que, s'il n'y avait pas eu Hitler, jamais sans doute je n'aurais eu l'occasion de me retrouver sur un navire de rêve, jamais je n'aurais connu un si grand bonheur...

J'ai à peine pris le temps de défaire ma valise. J'avais tant hâte de monter sur le pont, de nous voir appareiller, et surtout de voir s'éloigner ce pays maudit...

Il m'est impossible de trouver les mots exacts pour te décrire l'émotion qui régnait à bord, sur le pont, où nous nous étions massés, quand, à dix-neuf heures trente, le navire a commencé à s'écarter du quai. Lentement, si lentement... Serrée entre Vati et Mutti qui se tenaient la main, je ne pouvais retenir mes larmes. Et je n'étais pas la seule, crois-moi ! Puis, soudain, nous avons entendu les premières notes d'une fanfare qui entamait un air populaire.

– Écoute, Rosa ! a dit Vati. Ils jouent « Je dois quitter ma ville... ». Voilà un commandant qui a bien de l'humour ! Il est allemand, pourtant !

Et nous avons ri, tous les trois. Et c'était si bon de voir Vati retrouver aussi tout son humour et sa bonne humeur. C'était si bon de voir Mutti sourire, se détendre.

La plupart des passagers, gagnés par la fatigue et l'émotion, se sont empressés de rejoindre leurs cabines, pour prendre un peu de repos avant le dîner. Mais les enfants, eux, n'avaient qu'une idée en tête : partir explorer les moindres recoins de cet immense bateau. Je l'aurais fait volontiers, moi aussi, mais je ne suis plus une enfant. Je suis donc restée sur le pont avec Erich.

La nuit était tombée, le ciel avait pris une teinte violine, le fond de l'air était très doux. Au loin, la côte n'était plus que lumières scintillantes. Nous sommes restés silencieux, à partager ce moment-là dans une sorte de communion.

– J'ai tant aimé ce pays ! a-t-il fini par me confier.

– Moi, ce n'est pas ce pays-là, cette Allemagne-là que j'ai aimée. Celle que j'ai aimée est morte et je quitte celle-ci sans regret, crois-moi.

– Oui, moi aussi, sans regret…

Je ne sais pas trop pourquoi, mais ce garçon m'émeut. Oh, rien à voir avec Gerhard, bien sûr ! Il n'est pas aussi beau mais il a quelque chose…

Mais voilà que Vati et Mutti se réveillent. Je te laisse, cher journal, la suite à plus tard. J'ai encore plein de choses à te raconter sur cette mémorable journée du 13 mai. Honnêtement, je crois qu'elle restera à jamais comme la plus belle de ma vie. Ce sera une date anniversaire que je célébrerai chaque année jusqu'à la fin de mes jours.

Et quand je serai vieille, je dirai à mes enfants et petits-enfants qui auront la chance de naître quelque part ailleurs que ce jour-là fut pour les passagers du *Saint-Louis* une re-naissance.

Sur le Saint-Louis, quelque part en mer, le 14 mai 1939, début d'après-midi

C'est confortablement installée sur un transat face à l'océan que je poursuis mon récit.

– À force de me pincer, je finirai par avoir les bras tout bleus, a dit une dame hier au dîner.

Et tout le monde a ri.

Hier, à la salle à manger, nous avons fait connaissance avec le capitaine du navire, monsieur le commandant Schröder. « Un vrai gentleman ! » disaient les gens.

Quant au menu, je ne peux résister à l'envie de t'en donner un extrait :

« Caviar sur toast, Consommé de poulet, Sole Mirabeau, Filet Rossini, Crème caramel, Glace framboise, fruits, café, thé... » Sans parler des nappes blanches, de la vaisselle étincelante, de l'argenterie scintillante.

Cela faisait si longtemps que nous avions oublié le goût de tous ces délices !

Il y a tant de choses à faire ici que nous ne savons plus où donner de la tête : bains de soleil, ping-pong, volley, golf miniature, gymnastique et même piscine ! Mais nous sommes peu nombreux à avoir emporté nos maillots de bain ! La fréquentation des piscines nous étant interdite depuis si longtemps, je ne vois pas qui aurait eu l'idée saugrenue d'en acheter ?!

Peu importe les baignades ! Il y a tant d'autres divertissements !

Parmi les passagers se trouvent beaucoup de femmes et d'enfants, dont certains voyagent seuls pour rejoindre leur famille à Cuba ou aux États-Unis. J'aimerais tant me faire une amie. Il faudrait sans doute que je fasse les premiers pas. Erich reste seul dans son coin, à lire, mais il n'est jamais bien loin de moi. Je crois qu'il le fait exprès.

Je pensais que nous étions déjà amis. C'est un garçon étrange. Du genre qu'on ne sait trop comment prendre.

Le Saint-Louis, le 15 mai 1939, petit matin

Nous avons dépassé les côtes anglaises et approchons de Cherbourg, en France, où doivent embarquer d'autres passagers, une trentaine de réfugiés espagnols de la guerre civile, à ce que j'ai entendu dire. Peut-être que je trouverai parmi eux un beau jeune homme qui se fera un plaisir de me donner des cours particuliers d'espagnol !

L'Allemagne est déjà loin derrière nous et plus personne ne la pleure.

La première chose que je fais en ouvrant les yeux c'est de regarder par le hublot. J'avais oublié le bonheur simple que peut procurer la contemplation d'un paysage. J'avais oublié combien le monde peut être beau… et laid le genre humain.

Le 15 mai 1939, après déjeuner

Ça y est, je me suis fait non pas une amie, mais deux ! Lore a un an de moins que moi et Ruth, un an de plus. Elles avaient fait connaissance toutes les deux et, me voyant seule, elles m'ont demandé si je souhaitais me joindre à elles, ce que je me suis empressée d'accepter. Au début nous avons commencé par parler de nos vies d'avant et de nos malheurs. Finalement, nous avons toutes les trois vécu les mêmes horreurs, mais pour Ruth les choses ont été bien plus dramatiques encore. Elle et sa famille ont été chassées de leur belle maison pour un sordide appartement dans le quartier juif. Je crois que si ça nous était arrivé, Mutti en serait morte de chagrin. Quant à son père, médecin, il a été battu en pleine rue, arrêté et déporté à Dachau, un camp où ils lui ont fait subir les pires brutalités. Ruth et sa mère désespéraient de le revoir quand il est enfin rentré à la maison, mais dans un état horrible.

– Jamais je n'aurais imaginé voir mon père dans cet état ! nous a-t-elle confié. J'étais si fière de lui. C'était un homme que tout le monde adorait, ses patients, ses amis, sa famille ! Quand ils l'ont libéré, il était comme une bête traquée. Ils lui ont donné quinze jours pour quitter l'Allemagne. Et jusqu'à la dernière minute, nous pensions qu'ils reviendraient l'arrêter.

Nous l'écoutions, silencieuses.

Mais très vite, Ruth a dit :

– Bon, ça suffit, maintenant ! La page est tournée. Apprécions le moment présent, apprécions la chance que nous avons d'être là ! Ce n'est pas le cas pour tout le monde.

Ses yeux se sont embués. Comme nous tous, elle aura sans doute laissé derrière elle des personnes qui lui sont chères...

Elle a secoué la tête comme pour se débarrasser de ses tristes pensées et nous a prises chacune par le bras.

– Allons sur le pont des sportifs ! nous a-t-elle dit. On y trouve de bien jolis garçons !

Alors que je leur emboîtais le pas, je n'ai pas pu m'empêcher de jeter un œil dans la direction d'Erich.

Il avait l'air si seul que j'ai aussitôt proposé à mes nouvelles amies de le leur présenter.

– Pourquoi pas ? a fait Ruth. Plus nous serons nombreux, plus nous nous amuserons !

J'ai alors fait signe à Erich qui ne s'est pas fait prier.

À la piscine, se sont joints à notre groupe encore quelques filles et garçons.

Ce soir, il paraît qu'il y aura bal !

Lore, Ruth et moi sommes tout excitées.

La grande question est : « Que vais-je mettre ? » On ne peut pas dire que j'ai de nombreuses robes du soir. Nous avions bien d'autres préoccupations ces temps derniers que de nous acheter des vêtements ! Heureusement que Mutti — pour tromper son angoisse et en prévision d'un éventuel départ — s'était occupée en me taillant un trousseau presque neuf, défaisant d'anciennes robes, récupérant des tissus à gauche et à droite... J'ai donc quelques petites tenues très convenables qui devront bien faire l'affaire. Notamment une très jolie petite robe grise, taillée dans une étoffe soyeuse offerte par Oma. Il y avait assez de tissu pour un tailleur que Mutti portera ce soir. Pour nous deux, ce sera donc un peu de ma grand-mère qui nous accompagnera à cette soirée.

Comme a dit Vati :

– Tu sais, nous sommes tous ici dans le même cas.
– Bien sûr ! a répliqué Mutti. Mais la coquetterie est une préoccupation de son âge !
– Oui, j'en conviens ! Et j'espère de tout cœur qu'elle n'en aura que de ce genre, désormais. Elle a connu des soucis bien trop lourds à porter. Mais tout cela est terminé, Ilse.

Sa voix s'était mise à trembler comme s'il réalisait à peine que nous étions sauvés !

C'est ça notre vie désormais. Nous ne cessons de nous émerveiller de tous ces petits bonheurs perdus... et retrouvés !

Nous avons accosté à Cherbourg en fin de matinée.

Les réfugiés sont montés à bord. Surtout des femmes et des enfants. Pas de beau jeune homme...

*Sur le Saint-Louis,
le 17 mai 1939*

Le navire et ses passagers ont pris leur vitesse de croisière et voguent, sereins, vers leur nouvelle vie.

Lore, Ruth et moi sommes devenues des amies inséparables. Nous nous sommes jurées de ne jamais nous perdre de vue par la suite quelle que soit notre destination finale.

C'est de Ruth dont je me sens le plus proche. Elle n'a qu'un an de plus que moi mais elle parle déjà comme une adulte.

– Mon rêve à moi ce n'est pas Cuba, ni l'Amérique, nous a-t-elle confié. Il nous fallait un moyen de quitter l'Allemagne, et peu importait la destination. Mais mes parents savent parfaitement que je ne m'installerai nulle part ailleurs que là-bas, en Palestine, que c'est le seul pays au monde où je pourrai dire : ici, c'est chez moi !

– Mais qu'y feras-tu ? lui ai-je demandé, pleine de respect et d'admiration.

– Je serai une pionnière, dans un kibboutz. Je travaillerai la terre et puis j'épouserai un beau et grand pionnier qui me fera six ou sept beaux enfants ! a-t-elle conclu en riant.

– Moi aussi j'avais proposé de partir en Palestine à mes parents. Seulement, personne ne m'a prise au sérieux ! lui ai-je avoué. Mais, finalement, peu importe comment s'appellera le pays dans lequel je m'installerai. La seule chose qui compte pour moi, c'est de ne plus jamais me réveiller en ayant peur. Ne plus jamais avoir à assister à de telles horreurs ! Ne plus jamais être chassée de nulle part ! Et toi Lore ? Quels sont tes projets d'avenir ?

Lore est une très jolie jeune fille blonde, aux yeux bleus, coiffée à la mode allemande, les nattes enroulées autour de la tête. Elle est tout aussi rieuse que posée.

– Moi, je voudrais partir en Afrique, dans la jungle, élever des bébés singes.

Devant notre étonnement, elle a éclaté de rire.

– Je me dis que les singes sont tellement plus humains que les nazis !

Je passe aussi beaucoup de temps avec Erich dont j'apprécie la compagnie, le tempérament calme, l'intelligence. J'aurais bien voulu danser avec lui dans la splendide salle de bal où chaque soir l'orchestre joue les si belles valses de Vienne et tous les airs à la mode, mais Erich n'est pas « très mondain », comme il dit et, le soir, il préfère rester dans sa cabine à jouer du violon ; parce que j'ai découvert que mon compagnon de voyage est un petit virtuose.

– Les nazis pensaient pouvoir briser mon rêve de devenir violoniste en m'interdisant de conservatoire, mais j'ai continué à travailler tout seul, d'arrache-pied, et un jour je serai un grand violoniste ! m'a-t-il confié hier. Je voyagerai dans le monde entier pour y donner des concertos. Dans le monde entier, sauf en Allemagne !

Oserai-je t'avouer, mon cher journal, qu'à ce moment-là, je n'ai pu m'empêcher de lui saisir la main et d'y poser mes lèvres. Je ne sais pas ce qui m'a pris ! Que veux-tu ? Je suis comme ça, moi ! Spontanée, impulsive. Mais le fait est que, réalisant mon geste, j'ai eu tellement honte que je me suis enfuie ! Plus jamais je n'oserai le regarder dans les yeux. Oh, faites mon Dieu que plus jamais je ne le revoie ! Qu'aura-t-il pensé de moi ? Je me refuse à l'imaginer…

Le 19 mai 1939, au large des îles des Açores

Ce matin, dès huit heures, nous étions nombreux à nous presser sur le pont pour admirer l'île de Florès, l'une des îles des Açores. On pouvait même y voir les maisonnettes, l'église. Dommage que le temps ait été maussade et couvert !

Ouf, pas d'Erich en vue !

Nous sommes vendredi. Le commandant Schröder a autorisé la célébration de l'office du shabbat qui se tiendra dans le grand salon. Nous ne sommes pas du tout pratiquants, et cela fait bien longtemps que nous n'avons plus mis les pieds à la synagogue. Je pense que c'est d'ailleurs le cas de la majorité des gens sur ce bateau, mais je suis sûre qu'il y aura foule ce soir.

Le Saint-Louis, le 20 mai 1939

*J'*avais raison. Jamais je n'ai assisté à un office d'une telle ferveur. Pour l'occasion, le commandant Shröder avait poussé la courtoisie jusqu'à faire décrocher le portrait de Hitler du grand salon. Beaucoup n'avaient plus prié depuis longtemps mais les mots de la prière leur sont revenus aux lèvres spontanément, chargés de tant d'espoir.

Il règne sans cesse à bord une atmosphère de fête.

Le beau temps est à nouveau de la partie lui aussi. Le soleil est radieux, et la mer si calme que parfois nous avons l'impression de faire du surplace. Pourtant, nous avançons à vive allure et l'Europe n'est déjà plus qu'un lointain souvenir.

J'ai attrapé un sacré coup de soleil sur le nez. Je suis rouge comme une écrevisse. Avec le roux de mes cheveux, c'est tout simplement horrible !

Chaque soir nous avons droit à une fête d'un autre genre. Nous, les jeunes, nous passons tout notre temps à rire et nous amuser.

Il y a tant de choses à découvrir sur cet immense bateau. Mes amies et moi avons l'impression que le voyage ne nous suffira pas à en faire le tour. Il y a à bord beaucoup d'enfants et les plus petits courent dans tous les sens. Sais-tu d'ailleurs, mon cher journal, quel est leur jeu préféré ? Celui qui s'appelle « Ici, les Juifs sont interdits ». Et le jeu consiste à empêcher le Juif de franchir une barrière tenue par deux nazis ! Quand j'en ai parlé à Mutti, elle s'est contentée de hocher la tête en soupirant : « Pauvres enfants ! »

Malgré l'optimisme ambiant, je sens bien que mes parents, comme la majorité des adultes de ce bateau, demeurent inquiets de ce que nous réserve l'avenir. Mais moi, je ne veux pas m'en préoccuper, du moins pas maintenant. J'estime avoir le droit de m'amuser encore un peu. N'ai-je pas déjà bien trop souffert pour quelqu'un de mon âge ? Alors, c'est au présent que je veux vivre désormais. Au moins le temps que durera ce voyage. « Quand on a tout perdu, seule compte la vie » a dit une dame à table ce soir. Et tout le monde était d'accord avec elle.

*Le Saint-Louis,
le 21 mai 1939*

– Mais pourquoi faut-il qu'il y ait toujours des rabat-joie ? me suis-je insurgée ce matin auprès de Vati.

Alors que chacun essaie de s'imaginer un avenir meilleur, voilà que ce matin, au petit déjeuner, un passager (un très brillant avocat berlinois à ce que m'a ensuite dit Vati) a affirmé qu'il y aura bientôt une guerre qui embrasera tout le continent européen.

– Cet homme n'est pas un rabat-joie, Ilse. Il est juste clairvoyant. Mais ne te préoccupe donc pas de cette guerre, ma fille. Elle ne nous concerne plus directement. L'Allemagne, l'Europe, c'est fini pour nous ! Dans une petite semaine, tout au plus, nous aurons débarqué à Cuba.

J'avoue, mon cher journal, que je n'ai pas attendu cette recommandation pour ne plus me soucier de tout ça.

Celui dont je me soucie, pour l'instant, s'appelle Erich. Je le fuis comme la peste. Une vraie partie de cache-cache. Chaque fois qu'il se trouve quelque part où je suis, je me fais toute petite, espérant qu'il ne me verra pas.

Lore et Ruth ne comprennent rien à mon manège.

Je pense qu'elles me croient amoureuse de lui.

Amoureuse ! Il ne me manquerait plus que ça.

Bon, il va falloir que je mette les points sur les *i*, autant avec mes amies qu'avec lui. J'irai m'excuser auprès d'Erich, puis je raconterai à Ruth et Lore ce qui m'est arrivé. Ce sera pour nous une belle occasion de rire et le tour sera joué.

Mais voilà que retentit le gong annonçant le dîner. Je te laisse donc (momentanément, rassure-toi !). J'espère que lorsque je reviendrai vers toi, je pourrai te raconter en riant, et non plus en rougissant, mon explication avec Erich.

Le Saint-Louis,
le 23 mai 1939

Triste journée que celle-ci ! Non pas à cause d'Erich, mon cher journal, mais parce que ce matin, un passager, le professeur Weiler, est mort. Bien sûr, je ne connaissais pas ce vieux monsieur, mais Vati m'a dit qu'il est mort non pas de maladie mais de désespérance et de chagrin.

– Il n'avait tout simplement plus la force de vivre !

Quelle tristesse ! À seulement quatre jours de notre arrivée à Cuba !

Nous n'avons appris son décès que ce soir quand l'orchestre a cessé de jouer. Le navire a ralenti sa course et, comme il était impossible d'attendre l'arrivée à Cuba pour l'enterrer, le corps du vieil homme a été jeté à la mer.

Comme si un drame ne suffisait pas, peu après, un marin a sauté par-dessus bord !

L'ambiance, ce soir, n'était donc pas à la fête.

Avant que tout cela n'arrive, j'avais tout de même eu mon explication avec Erich.

– Tu n'avais pas à te sauver, ni même à t'excuser ce soir ! m'a-t-il répondu en riant. Je n'ai pas trouvé ton geste déplaisant. Au contraire !

Me croiras-tu, mon cher journal, si je te dis que c'est lui qui m'a alors saisi la main et l'a portée à ses lèvres ?

Quand Lore et Ruth prétendaient que je suis amoureuse d'Erich, je crois qu'elles n'avaient pas tort !

Le Saint-Louis, le 25 mai 1939

*A*vec Lore et Ruth nous n'avons cessé de parler du suicide de ce jeune marin. Toutes sortes de bruits circulent. Certains prétendent qu'il était juif, d'autres, au contraire, disent qu'il s'est suicidé parce qu'il serait tombé amoureux d'une passagère juive, chose totalement interdite pour un nazi. Et d'autres encore chuchotent qu'il aurait été assassiné !

Notre voyage tire à sa fin.

L'angoisse me reprend. Que se passera-t-il ensuite ? Comment nous ferons-nous à cette nouvelle vie, à une nouvelle langue, une autre culture, un autre climat ? Je suis tour à tour curieuse, excitée, enthousiaste et inquiète, apeurée...

Je n'arrive pas à m'imaginer ce que sera ma vie à Cuba. La seule chose dont je sois sûre est qu'elle sera complètement différente de la précédente !

Ce matin, tous les passagers ont été invités à venir retirer leur permis de débarquement ! À moins d'un naufrage ou d'un cataclysme, nous voilà donc au bout de nos peines. Plus rien ne s'oppose désormais à ce que nous débarquions à Cuba, dans un pays libre où plus jamais il ne sera question de nazisme !

Ce soir, un bal masqué est organisé. Il règne à bord une ambiance euphorique. Je crois que personne ne parvient à réaliser vraiment que ce que nous avons vécu avant notre départ n'est plus qu'un affreux cauchemar.

À proximité de la Floride, le 26 mai 1939

Nous étions massés sur le pont quand à l'horizon se sont profilées les côtes de Floride. Une véritable fièvre a semblé alors s'emparer de tous. Les gens riaient et s'embrassaient. Certains pleuraient, d'autres priaient. Jamais je n'oublierai ces moments.

– Ilse, réalises-tu que demain, nous serons à La Havane ? a dit Mutti en riant. Puis, elle s'est mise à sangloter dans son mouchoir.

Je ne sais pas si c'est juste une impression, mais j'ai cru voir alors le visage de Vati s'assombrir et, l'espace d'un instant, j'ai pu y lire l'anxiété qu'il affichait avant notre départ.

Hier, déjà, alors que nous nous rendions à la salle de bal, il nous avait dit d'avancer, qu'il nous rejoindrait plus tard, qu'il avait à faire. Et quand il nous a rejointes, il était évident qu'il était soucieux. Mais je me suis dit alors que c'était sans doute à cause de l'incertitude de ce qui nous attendait à Cuba. Et voilà qu'à nouveau...

Non, je me fais des idées parce que je n'arrive pas encore à croire que ce miracle aura bien lieu ! Demain nous serons à La Havane, tous, sains et saufs.

Libres !

Quelle sera notre vie future à tous ? Nous reverrons-nous ?

Que de vaines questions !

Il est temps de dormir ! Il me faudra des forces pour affronter cette vie nouvelle.

Le 27 mai 1939, en rade de La Havane

Me voici journaliste ! Que dis-je ? Grand reporter.

Il était à peine quatre heures du matin quand la cloche nous a réveillés, et quatre heures et demie du matin quand le petit déjeuner, le dernier à bord du *Saint-Louis*, nous a été servi.

Nous sommes arrivés à bon port !

Nous nous trouvons à présent sur le pont, tandis que le jour se lève sur La Havane.

J'écris sur le vif, mon cher journal, car les minutes que je suis en train de vivre sont exceptionnelles ! Les gens crient, trépignent, hurlent leur bonheur. Voilà ce que je vois : des cocotiers à perte de vue, une forteresse, une coupole de marbre blanc... C'est si beau, la liberté !

Je garde mon journal à la main. Plus besoin de le cacher désormais. Ah, quel bonheur que d'écrire au grand jour !

Ça y est, je sais ce que je veux faire plus tard. Je serai non pas écrivain, mais journaliste, grand reporter ! J'irai dans le monde entier pour retranscrire les événements qui ne manqueront pas de bouleverser la planète.

Pour le moment, je ne suis encore qu'une toute jeune fille pour qui la vie commence à peine, mais pour rien au monde, je n'échangerais ma place.

Nous approchons du port. Nos bagages sont faits, nos papiers prêts. Nous faisons des projets d'avenir, nous avons des rêves plein la tête !

Mais il ne se passe plus rien. Le navire est immobilisé.

L'euphorie est retombée. Voilà une heure maintenant que le *Saint-Louis* a jeté l'ancre.

Les questions fusent. Les inquiétudes resurgissent. Les larmes ne sont pas loin.

« C'est à cause des formalités ! » disent certains. « Peut-être sommes-nous mis en quarantaine le temps que les autorités médicales montent à bord et constatent que nous sommes en bonne santé ! » avancent d'autres.

Cette idée doit être la bonne car nous voyons à présent approcher du navire deux canots avec à leur bord des douaniers et une équipe médicale.

Effectivement, nous allons être examinés par les médecins avant de débarquer. Tout le monde est invité à se rendre au grand salon. Ce sera sans doute le dernier des désagréments que nous aurons à subir. C'est le prix de notre liberté et, honnêtement, celui-là, je suis prête à le payer de bon cœur.

Il est déjà dix-sept heures. La visite médicale est terminée.
– Nous allons pouvoir débarquer, maintenant ? demande un passager à l'un des douaniers.
– ¡ *Mañana !* répond celui-ci.
Ce qui veut dire demain.
« Demain ? s'affolent déjà plusieurs passagers. Mais pourquoi demain ? Nous sommes en règle, non ? Pourquoi ne débarquons-nous pas aujourd'hui ? »
L'angoisse est là de nouveau. Plus personne ne rit, plus personne ne chante.
On nous a demandé de retourner dans nos cabines.
Nous ne débarquerons pas aujourd'hui.
Vati se tait. Mutti aussi.
Et moi, je suis là, à écrire.
Comme aux pires moments, écrire pour conjurer ma peur.

Le 27 mai 1939, 23 heures, toujours en rade de La Havane

Ce soir, dans la salle à manger quasi déserte, personne n'avait le cœur à rire. Les gens mangeaient du bout des lèvres, les enfants se tenaient tranquilles, le silence était pesant.

À la fin du repas, plusieurs hommes, dont Vati, se sont réunis au fumoir.

Il nous a dit, à Mutti et moi, faire partie d'un comité que le commandant Schröder a demandé de former pour servir d'intermédiaire entre le commandement et le reste des passagers. Ce sont eux qui nous tiendront au courant de tout ce qui se passe et de l'évolution de la situation.

Il n'est toujours pas revenu à la cabine. Je vais essayer de rester éveillée pour l'entendre dire à Mutti ce qu'il sait, ce qu'il aura sans doute appris.

Le 28 mai 1939, milieu de matinée

Malgré mon angoisse j'ai dormi comme un loir et n'ai pas entendu Vati rentrer. Ce matin, tout le monde était levé de bonne heure. Vati ne m'a rien dit mais il garde la mine sombre.

Je suis sur le pont. Le navire est quasiment encerclé par une nuée d'embarcations. Un véritable marché flottant : bananes, noix de coco, étoffes et colifichets... Comme si nous avions le cœur à faire des achats ! Mais il y a également à bord des barques, des parents venus là pour accueillir leurs proches, des gens ayant fait le déplacement des États-Unis pour serrer les leurs dans leurs bras au plus vite.

L'émotion est à son comble. Des gens se reconnaissent, s'interpellent, tendent les bras.

Mais voilà que montent à bord les responsables du service de l'immigration.

– Nous n'allons plus tarder à débarquer, n'est-ce pas ? demande Mutti à Vati qui persiste dans son silence.

Le 28 mai 1939, début d'après-midi

Seuls une vingtaine de passagers ont été autorisés à débarquer.

– Pourquoi eux et pas nous ? me suis-je insurgée auprès de Vati.

– Parce que leurs visas d'immigration sont en règle.

– Mais nous aussi nos visas sont en règle, non ?

– Apparemment non, ma chérie. Il y a un problème,

mais nous ignorons lequel. Même le commandant Schröder l'ignore pour le moment. Il a promis de nous tenir informés dès qu'il en saurait un peu plus.

À peine les responsables de l'immigration ont-ils quitté le bateau que sont montés à bord des militaires. Ils ont envahi le pont.

Alors que nous voilà si proches de cette liberté tant rêvée, auraient-ils l'intention de nous interdire de débarquer ?

« Rien ne nous aura été épargné. » La phrase de monsieur Klein ne cesse de me tarauder l'esprit. N'avons-nous pas encore suffisamment souffert ? Mais que nous veulent-ils encore ? Pourquoi ces militaires sur le pont ? Ils ne sont pas allemands, pourtant ! Détestent-ils les Juifs, eux aussi ?

Même jour, début de soirée

Un autre navire nous a rejoints dans la baie de La Havane. Il paraît que c'est un bateau transportant des réfugiés, comme nous, et qu'un autre ne devrait pas tarder à arriver.

Quand on demande aux policiers restés à bord pourquoi nous ne pouvons pas débarquer, ils nous répondent que c'est parce que c'est la Pentecôte.

Pourtant, les autres ont pu débarquer, eux, Pentecôte ou pas !

L'attente est interminable. Les familles restent regroupées. Pas question d'aller rejoindre mes amies.

Un officier vient de monter à bord.

Il repart en compagnie d'une femme et de deux enfants.

Des voix s'élèvent, protestent :

– Et nous ?

Le gong annonçant le dîner vient de retentir. Pourtant personne ne bouge. La salle à manger restera déserte ce soir.

Le 29 mai 1939

Rien de nouveau si ce n'est que certains passagers ont tenté de débarquer de force. C'est Vati qui me l'a dit.

– Serions-nous maudits pour que le monde nous traite de la sorte ? a fulminé monsieur Klein. Nous avons payé cher le droit de débarquer à Cuba. Nous leur avons tout donné, il ne nous reste plus rien ! Et maintenant qu'ils se sont remplis les poches avec notre argent, ils ne veulent pas de nous !

– Rien ne sert de nous énerver ! est intervenu Vati.

C'est un fâcheux contretemps, mais il n'y a aucune raison que les choses ne s'arrangent pas. Les États-Unis ne vont pas manquer d'intervenir. Gardons donc notre sang-froid.

Vati pensait-il réellement cela ou voulait-il juste nous rassurer ?

La nuit est tombée. Nous avons passé presque toute la journée sur le pont à attendre des nouvelles. Autour du bateau s'est poursuivi le va-et-vient des canots chargés des familles qui tentent de dialoguer avec les leurs.

Je suis morte de fatigue. Pourtant, nous n'avons plus d'autre occupation que l'attente.

Le 30 mai 1939, encore en rade de La Havane

Il fait à bord une chaleur à peine supportable.

Les nerfs lâchent. Il paraît qu'un passager a tenté de se suicider en se coupant les veines puis en sautant à la mer. Mais deux matelots ont plongé et ont réussi à sauver le malheureux qui a pu être ramené à bord. Il a ensuite été débarqué et hospitalisé à La Havane. Seul, sans sa femme ni ses deux enfants.

Je ne pensais pas que j'aurais encore à vivre de tels drames.

Je ne te parle plus guère d'Erich. Il faut dire que l'heure n'est plus au flirt. Mais ce garçon ne cesse de forcer mon admiration. Il est un des rares à garder son calme. Quand il a appris la tentative de suicide de monsieur Loewe, il a dit :

– C'est ce que nous devrions faire, nous aussi.
– Comment ça ? lui ai-je demandé.
– As-tu déjà entendu parler des Hasmonéens ?
– Ceux de Massada ? Le suicide collectif ?
– Oui, ceux-là. Ces gens étaient humbles et simples ; ce n'étaient pas des soldats, ils n'avaient ni armes ni entraînement. Mais ils avaient une forte volonté et ne voulaient pas cesser d'être ce qu'ils étaient : des Juifs. Ils ont alors préféré tous mourir plutôt que de se rendre.

– Je ne veux pas mourir, moi ! me suis-je indignée. Ce n'est pas juste ! On est jeunes, on a toute la vie devant nous ! Nous n'avons rien fait pour mériter de mourir ! Et puis, on est si près du but !

– Moi non plus, je ne veux pas, mais je préférerais mourir plutôt que de retourner en Allemagne. Je ne les laisserai pas me tuer, tu comprends ? Je ne leur accorderai pas ce bonheur-là.

Pour la première fois depuis que nous sommes montés à bord, j'ai alors éclaté en sanglots. Se peut-il que nous soyons renvoyés en Allemagne ?

– Excuse-moi, Ilse, m'a alors dit Erich en me prenant la main et en la serrant fort dans la sienne. Je ne voulais pas te faire peur. Oublie ce que je t'ai dit.

Mais comment oublier ? Et s'il avait raison ? Si après nous avoir fait payer à prix d'or la traversée et nos visas, ils nous renvoyaient en Allemagne ?

La tension monte à bord.

Apparemment, si nous sommes interdits de débarquement, c'est parce que le gouvernement de ce pays a décrété que nos visas n'étaient plus valables ! Alors que c'est lui qui nous les a délivrés, et pas gratuitement ! Il paraît aussi qu'il réclame plus d'argent, une somme astronomique, même, que personne parmi nous ne peut payer.

Vati vient de me confirmer qu'effectivement le gouvernement exige une grosse somme d'argent pour nous autoriser à débarquer, mais que le Joint Distribution Committee, une organisation juive américaine d'entraide, tente de mobiliser ces fonds.

Il nous faut donc être patients !

– Je sais que c'est dur, éprouvant, mais une solution sera trouvée. Le monde s'est ému de notre sort, et les tractations vont bon train.

J'ai répété ses propos à Erich et à mes amies pour les rassurer à mon tour. Heureusement que nous ne manquons de rien à bord et bénéficions du même traitement aimable de la part de l'équipage et du commandant.

Le 31 mai 1939

C'est à peine croyable ! Le port de La Havane est devenu un haut lieu de curiosité et de promenade pour les Cubains. Et le spectacle, c'est nous, les quelque neuf cents malheureux passagers prisonniers du *Saint-Louis* qui le leur offrons ! Certains pêcheurs ont même transformé leur barque en bateau de croisière et proposent des circuits payants autour du paquebot !

– Ils vont finir par nous jeter des cacahouètes, comme à des singes ! ai-je ricané à l'intention d'Erich.

– En ce qui me concerne, j'achèterais bien quelques noix de coco pour les leur balancer à la tête ! a-t-il rétorqué, se forçant à rire.

– En tout cas, le spectacle a l'air de bien les amuser ! a remarqué Ruth sombrement.

Effectivement, un orchestre s'est installé sur le quai et les gens dansent en tapant des mains et en riant.

Que d'humiliations ! Pourquoi sommes-nous traités de la sorte ? Qu'avons-nous fait à ces gens ? Serions-nous maudits, ainsi que le pense monsieur Klein ?

Le 1er juin 1939

Nous avons décidé, Lore, Ruth, Erich et moi, de reprendre notre vie à bord comme si nous étions encore en pleine mer et totalement ignorants de ce qui se préparait à notre arrivée. Ce n'est pas facile, car l'angoisse des adultes est communicative, mais nous nous efforçons de faire semblant.

Alors que nous discutions sur le pont, un hydravion s'est posé dans la rade et, peu de temps après, une vedette s'est amarrée au *Saint-Louis* avec à son bord un policier chargé d'un sac de courrier en provenance de New-York. Ceux qui ont la chance d'avoir de la famille là-bas ont donc pu avoir des nouvelles fraîches. Nous avons ainsi appris que la presse du monde entier s'intéresse à notre malheureux sort et que de nombreuses protestations s'élèvent. Cela a redonné à beaucoup une sacrée bouffée d'optimisme et d'espoir.

Plus tard

C'est avec amertume que je relis ma dernière phrase.

Si espoir et désespoir n'ont cessé d'alterner durant ces interminables journées, il n'y a plus lieu d'espérer une quelconque issue positive à notre enfer.

Une note du commandant Schröder a été placardée au tableau d'affichage :

Le gouvernement cubain nous a ordonné de quitter le port. Il nous a seulement permis de rester jusqu'à demain matin. Nous partirons donc à dix heures, vendredi matin...

Il était ensuite question de poursuite des discussions avec le gouvernement, mais personne n'y croit plus.

Comment te décrire, mon cher journal, l'émotion, le chagrin et la terreur qui nous ont pris à la lecture de ce message ? Cris, pleurs, protestations, un chaos total ! Et tout ça face aux policiers cubains, hostiles, l'arme au poing, prêts à tirer sur des femmes et des enfants.

Le commandant Schröder, furieux, leur a ordonné de ranger leurs armes, puis a prié les passagers de regagner leurs cabines. Il craint de nouvelles tentatives de suicide.

Vati a dit :

– Les gens sont prêts à tout, même à se jeter à la

mer tant leur peur d'être renvoyés en Allemagne est grande.

Erich a donc raison. Mieux vaut mourir tous ensemble que d'accepter d'être renvoyés à notre point de départ. Mais je crains fort que même notre mort à tous n'émeuve personne.

Le 2 juin 1939

Ce matin, à dix heures, comme prévu, une semaine après notre arrivée, le cœur encore chargé d'espoir, la tête emplie de rêves, le *Saint-Louis* a remis ses moteurs en marche !

Plus question de projets d'avenir, de nouvelle vie ! *Verboten !*

C'est en pleurant que les gens se sont rués sur le pont tandis que des vedettes de la police s'efforçaient de tenir à distance les canots chargés des familles désespérées qui voyaient les leurs repartir sans même avoir eu le droit de les embrasser, de les serrer une dernière fois dans leurs bras.

Les voix des femmes s'élevaient en prières et litanies entrecoupées de sanglots. « Nous ne voulons pas repartir ! Nous ne voulons pas mourir ! » pouvait-on entendre partout.

Peu après la mise en marche des moteurs, un message a été diffusé, demandant à tous les passagers de se regrouper dans le grand salon.

Il n'y avait pas assez de place pour tout le monde et les enfants ont été priés de rester dans le couloir. Lore, Ruth et moi, serrées les unes contre les autres, essayions de ne rien perdre de l'annonce, même si elle était en anglais, langue que seul Erich maîtrise vraiment.

– Qu'est-ce qu'il dit ? Qu'est-ce qu'il dit ? lui demandions-nous sans cesse.

– En gros, il nous demande de garder confiance, il dit que tout n'est pas perdu. Que notre sort a ému le monde entier et qu'un peu partout des gens se battent pour trouver une solution. Il affirme que nous ne serons pas renvoyés en Allemagne.

– Où serons-nous renvoyés alors ? me suis-je inquiétée.

– Il ne le sait pas, a répondu Erich. Mais il a répété : « pas en Allemagne ».

Un terrible silence a suivi la fin du message.

Nous sommes remontés sur le pont et avons vu le port de La Havane s'éloigner.

– C'était trop beau ! a murmuré Erich.

Le 3 juin 1939

Un communiqué affiché par le comité nous a informés que pour le moment le *Saint-Louis* continuera à croiser entre Cuba et la Floride, dans l'attente de nouvelles négociations avec le gouvernement cubain.

Mais tous nos espoirs se tournent à présent vers les États-Unis, qui sont les seuls à pouvoir nous sauver.

Les heures s'écoulent lentement. Nous ignorons tout de ce qui nous attend.

Nous n'avons plus goût à jouer, ni à danser, ni à rire. L'orchestre est silencieux. Les gens sont tendus et irascibles.

Les messages se succèdent au tableau mais aucun n'est vraiment porteur de bonnes nouvelles, du moins de la bonne nouvelle que nous attendons tous : notre autorisation de débarquer à La Havane.

En attendant, on nous recommande de nous occuper comme nous pouvons. Des cours de langue sont donnés. Des jeux sont organisés pour les plus jeunes. Tout est fait pour calmer les nerfs et les esprits.

Le 4 juin 1939

Nous sommes arrivés au large de Miami. Cruel spectacle pour nous que la vue de ces gens libres sur les plages, jouant, courant, se baignant, faisant du ski nautique.

– Ces gens savent-ils qui nous sommes, ce que nous sommes en train de vivre ? a demandé Ruth.

– Ils n'en ont rien à faire ! a ricané Erich. Le monde entier se fiche de notre sort. N'oublie pas que nous ne sommes que des Juifs ! Des damnés, des pestiférés, des lépreux ! Regardez cette plage, le sable, ces immeubles luxueux, ces gens qui rient et s'amusent, insouciants ! Tout cela nous est interdit ! Pourquoi ?

Une tristesse immense s'est alors abattue sur nous. Et nous sommes restés silencieux un long moment.

Erich a raison. Nous sommes maudits.

– Si, par miracle, on s'en sort, c'est là où je voudrais vivre ! ai-je fini par murmurer. Là et nulle part ailleurs. Mais seul un miracle pourrait nous sauver. Et je ne sais pas prier.

– Moi, je sais, a dit Ruth. Oui, faisons une prière, si vous voulez. Vous n'aurez qu'à répéter après moi.

– Prier ! a ricané Erich. Mais prier qui et pourquoi ?

Ruth a haussé les épaules et a fermé les yeux.

– *Shema Israël...*, a-t-elle entonné.

J'ai répété après elle. Erich s'est éloigné. Lore s'est tue.

Erich a raison. Nous sommes maudits.

Peu de temps après ont surgi les vedettes des gardes-côtes américains qui ont encerclé le navire.

Hostiles, eux aussi. Comme le reste du monde, comme la terre tout entière. Tous hostiles aux Juifs !

Le 5 juin 1939

Mon cher journal,

Enfin des bonnes nouvelles !

D'abord, il y a eu ce message émanant d'un certain monsieur Sandler qui prétend qu'un groupe d'hommes d'affaires juifs américains et lui-même tentent de nous faire accorder l'asile aux États-Unis.

Ensuite, nous avons appris par un flash diffusé par une radio de Miami que le Président cubain nous aurait donné l'autorisation de débarquer provisoirement à Cuba, sur l'île des Pins, en attendant que d'autres pays nous acceptent.

Nous ne repartirons donc pas pour l'Allemagne !

Quelle joie, quelle émotion, mon Dieu ! Tout le monde a applaudi la nouvelle et une sorte de frénésie s'est emparée de tous.

Quelques instants plus tard l'orchestre s'est remis à jouer. Et Lore, Ruth et moi nous sommes lancées dans une danse endiablée. Même Erich s'est joint à notre sarabande.

Cette fois, pas de doute, nous sommes sauvés !

Le 6 juin 1939

Je me suis réveillée ce matin la joie au cœur. C'était notre dernière nuit à bord. Dans peu de temps nous allions faire connaissance avec cette île inconnue au si joli nom. Mais quand nous sommes allés prendre notre petit déjeuner, nous avons tout de suite compris que quelque funeste nouvelle était venue contredire celle de la veille.

C'est Vati qui nous a informées, Mutti et moi, que l'autorisation de débarquer à l'île des Pins n'était pas confirmée.

– Mais quels sont ces sadiques qui jouent ainsi avec nos pauvres nerfs ? a explosé ma mère à bout de forces.

À bout de forces, nous le sommes tous.

Je n'ai même plus celle d'écrire.

Le 7 juin 1939

Le commandant Schröder a réuni les membres du comité.

Quand Vati nous a rejointes dans la cabine, je savais qu'il allait nous annoncer le pire :

Aucun pays du monde n'était prêt à nous accueillir !

Mon cher journal, j'ai décidé de ne reprendre la plume que lorsque notre sort sera, une fois pour toutes, clair et précis.

Cela fait sept mois que je te confie presque au jour le jour le détail de ce que nous subissons, de ce que l'on nous fait subir. Je t'ai confié le pire, à Berlin, mais aussi le meilleur, ici, à bord de ce bateau qui devait nous ouvrir les portes de la liberté.

Mais je ne sais plus où je suis, je ne sais plus où j'en suis, et où serai-je demain.

Nous nous retrouverons donc soit à Cuba, soit aux États-Unis, ou ailleurs, que sais-je ? N'importe où... sauf en Allemagne, bien sûr ! Parce que si c'était le cas, je ne serais sans doute plus en mesure d'écrire...

En fait, je me promets de revenir vers toi le jour où j'estimerai être arrivée en lieu sûr.

Ce n'est pas un adieu, juste un au revoir, du moins je l'espère de tout cœur, pour moi et les miens, mais aussi pour tous ceux dont nous partageons le triste sort depuis bientôt un mois, maintenant.

Londres, le 28 août 1939

J'avais écrit que je ne reprendrais la rédaction de mon journal que le jour où j'estimerais être arrivée à bon port.

Promesse tenue.

Oui, nous voici en lieu sûr, en Angleterre.

Je peux donc reprendre la plume et te relater tout ce qui s'est passé dans le détail, car les dates de ces événements sont inscrites à jamais dans ma mémoire.

S'il est un homme au monde que je vénérerai jusqu'à la fin de ma vie, en dehors de Vati, bien sûr, c'est le courageux commandant Schröder qui, en dépit de la haine du monde entier, a décidé de mener ses pauvres passagers à bon port.

Revenons donc au 7 juin 1939 :

C'est défiant le monde entier, les autorités, et autres présidents sourds à nos souffrances, qu'il a décidé d'essayer d'entrer de force dans un des ports de Floride. Massés sur le pont, nous retenions notre souffle. Nous étions sur le point de réussir quand les vedettes américaines nous ont barré la route et que l'ordre a été donné au commandant de faire demi-tour !

Le monde entier nous avait fermé ses portes, et notre dernier espoir, l'Amérique, la fabuleuse Amérique venait, quant à elle, de signer notre arrêt de mort. Dans ce grand pays, ce pays d'opulence où les rues, disait-on, étaient pavées d'or, il n'y avait pas de place pour les quelque neuf cents misérables passagers que nous étions.

Nul n'a voulu de nous. Ni l'Amérique du Nord, ni l'Amérique latine, ni le Canada — l'immense Canada a estimé qu'il n'y avait pas de place chez lui pour nous.

Hitler et Goebbels se seront certainement frotté les mains en constatant que le monde entier refusait de nous venir en aide.

Le commandant Schröder n'a eu d'autre choix que d'ordonner à l'équipage de mettre le cap sur l'Allemagne, le cap sur l'enfer.

Le 8 juin 1939
À bord, l'heure était au désespoir général quand deux télégrammes arrivèrent. Ils furent placardés sur le panneau d'information, afin d'être lus par tous.

« Solutions en vue... » annonçaient-ils.

Quant au commandant Schröder, il nous assura qu'il était fermement décidé, quoi qu'il arrive, à nous éviter le retour en Allemagne.

Mieux que quiconque, il savait que seule la mort nous y attendait.

Le 14 juin 1939
Alors que nous faisions route vers le continent européen, le commandant nous réunit sur le pont pour nous lire le télégramme qu'il venait de recevoir de Morris Tropper, le président-directeur général du Joint Committee pour l'Europe : quatre pays européens, la Belgique, les Pays-Bas, la France et l'Angleterre, acceptaient de nous ouvrir leurs portes.

Jamais je n'assistai à une telle explosion de joie.

Ce fut ce soir-là, soit un mois après notre départ de Hambourg, que le *Saint-Louis* connut la plus belle de ses fêtes, que son orchestre joua avec le plus de frénésie et que ses passagers dansèrent avec le plus de légèreté et d'entrain.

Quant à nous, les jeunes, l'heure était à nouveau aux promesses, aux rêves d'avenir, de retrouvailles.

Erich et moi espérions être admis dans le même pays.

– Mieux, la même ville ! me lança-t-il.

– Et pourquoi pas la même rue, la même maison, tant que tu y es ?

C'est le cœur léger que nous voguions désormais vers la généreuse Europe. Les enfants avaient repris leurs jeux, nous nos discussions et nos parents leurs projets d'avenir. Pour eux, celui-ci demeurait encore bien incertain. Nous ne savions pas dans quel pays chacun allait échouer. Vati s'accrochait désormais à l'idée d'être autorisé à débarquer en Angleterre pour retrouver sa sœur Martha, qu'il n'avait même pas pu prévenir de notre départ pour Cuba.

Il décida de lui envoyer un télégramme lui annonçant notre prochaine arrivée en Europe.

Et l'incroyable se produisit. Deux jours plus tard, Martha nous répondait :

Vous attendons avec la plus grande impatience. Nous portons entièrement garants de vous trois. Hébergement et ressources assurés. Tendres pensées. Martha.

Ce télégramme allait jouer en notre faveur. Je peux même dire qu'il nous sauva la vie.

Le 17 juin, vers onze heures du matin
Le *Saint-Louis* entra dans la rade du port d'Anvers, en Belgique, tandis qu'un remorqueur venait à sa rencontre. Sur le pont, certains pleuraient à chaudes

larmes, d'autres tremblaient, et d'autres encore se taisaient, comme pétrifiés.

Monsieur Tropper gravit alors l'échelle de coupée sous les ovations et les applaudissements. Sur le pont, les enfants avaient formé une double haie pour l'accueillir. Le moment le plus émouvant fut celui où la petite Liesl lui récita un petit discours de remerciement en allemand :

« Cher monsieur Tropper, nous, les enfants du *Saint-Louis*, souhaitons vous exprimer et à travers vous à l'American Joint Distribution Committee, nos remerciements les plus sincères venant du plus profond de nos cœurs, pour nous avoir sauvés d'une immense misère. Nous prions pour que la bénédiction de Dieu soit sur vous. Nous regrettons vraiment que les fleurs ne poussent pas sur les bateaux parce que, sinon, nous vous aurions offert le plus grand et le plus beau bouquet du monde. »

Ensuite, l'équipe des représentants des différents pays d'accueil gagna le grand salon pour procéder au partage des passagers. Vati avait remis le télégramme assurant notre prise en charge par Martha.

Cela dura plusieurs heures, pendant lesquelles les nerfs des passagers furent une nouvelle fois mis à rude épreuve.

Notre demande de débarquer en Angleterre fut retenue.

À notre grand désespoir à tous deux, Erich et ses parents gagneraient les Pays-Bas, où ils avaient de la famille.

Les grands-parents de Ruth, s'étant installés dans le sud de la France plusieurs années auparavant, y attendaient les leurs.

Quant à Lore et sa famille, ils iraient en Belgique rejoindre de vagues cousins. Nous allions donc chacun de nous vers des chemins différents, des destinées différentes.

Hormis Lore partie le jour même, Erich, Ruth et moi avons passé notre dernière nuit sur le *Saint-Louis*. Malgré les injonctions de nos parents nous recommandant de dormir pour prendre des forces pour la suite, nous avions décidé de rester sur le pont, de passer encore quelques heures, les dernières, ensemble.

– Tu m'écriras ? m'a demandé Erich, en me prenant la main et en rapprochant sa tête de la mienne.

– Oui, bien sûr, mais où ? Non, c'est toi qui m'écriras, chez ma tante Martha.

– Tu me répondras ?

– Bien évidemment.

– Jurons-nous de nous retrouver, tous les trois, un jour, quand tout cela sera terminé ! proposa Ruth.

Nous en fîmes le pacte.

Le lendemain, mes parents et moi embarquions à bord d'un autre bateau, le *S.S. Rhakotis*, qui devait nous emmener à Southampton après avoir laissé à Boulogne ceux désignés pour la France.

Dès notre arrivée en Angleterre, ne supportant pas d'être à la charge de ma tante et de son mari, Vati poursuivit ses démarches pour l'obtention d'un visa pour les États-Unis. En vain.

Épilogue

Miami, le 15 novembre 1948

C'est installée sur la terrasse de mon appartement à Miami où je vis depuis trois ans que je rédige ces pages.

Nous avons passé toute la durée de la guerre à Londres, partageant le triste sort des Londoniens sous les bombardements meurtriers de l'aviation allemande et les restrictions de toutes sortes. Si pénible que fut cette période, pas un seul jour je n'ai éprouvé la terreur qui était notre lot quotidien en Allemagne. Les Anglais enduraient tout de manière si stoïque qu'il eût été inconvenant de me plaindre de mon sort, car celui-ci était le lot de tous les habitants de ce pays qui nous avait ouvert les bras alors que les États-Unis nous les avaient fermés.

Mon seul et unique but fut d'apprendre l'anglais au plus vite et d'essayer de perdre mon accent allemand qui me trahissait dès que j'ouvrais la bouche. Je changeai mon prénom, également, de Ilse, en Liz.

J'aurais tant donné pour être enfin acceptée quelque part.

J'ai donc occupé le plus clair de mon temps à apprendre la langue, les mœurs, l'histoire de ce pays, et à aider et soutenir mes pauvres parents, bien plus désorientés que moi malgré toute l'affection et le soutien que nous prodiguèrent ma tante et son époux.

J'admirais de tout cœur les Anglais et leur courage. Le seul pays d'Europe qui avait refusé de pactiser avec Hitler. Et je voulais faire partie de ce pays, même si je m'étais fait la promesse de m'installer un jour à Miami.

Promesse tenue.

Deux cent soixante-dix des passagers du *Saint-Louis* qui avaient été accueillis en France, en Belgique et aux Pays-Bas ont trouvé la mort dans les camps d'extermination.

Six millions d'hommes, de femmes et d'enfants juifs furent ainsi exterminés durant cette guerre.

Les Juifs ont un pays désormais. Il s'appelle Israël.

Ruth devait s'y installer.

Promesse non tenue. Elle est morte avec les siens à Auschwitz.

Erich voulait devenir violoniste.

Promesse non tenue. Déporté avec les siens, il n'est pas revenu. Chaque fois que j'entends un morceau de violon, je ne peux m'empêcher de penser à lui, les larmes aux yeux.

Nous devions nous retrouver, Ruth, lui et moi, quand tout serait fini.

Promesse non tenue.

Je n'ai pas réussi à avoir des nouvelles de Lore, mais je continue à espérer qu'elle s'en est sortie.

La guerre terminée, nous l'avons enfin décroché ce précieux visa. Un poste attendait Vati dans une université de Floride.

Un an après notre arrivée est né Max, mon petit frère.

Mutti a retrouvé une partie de sa joie de vivre et s'applique à faire de Max un parfait citoyen américain.

Tu ne m'as jamais quittée, mon cher journal.

Je rédige ces dernières pages, exactement dix ans, jour pour jour, après t'avoir commencé.

C'est en anglais que j'écris.

En débarquant en Angleterre, je m'étais juré de ne plus jamais parler, rêver, chanter en allemand.

Promesse tenue.

Sauf les quelques lignes écrites à Gerhard pour lui faire savoir que je suis en vie et lui exprimer toute ma reconnaissance.

Je m'efforce désormais de vivre tournée vers l'avenir, d'oublier les tristes pages que nous avons vécues. Et surtout de me persuader que plus jamais une telle horreur ne se reproduira !

POUR ALLER PLUS LOIN

LA VIE EN ALLEMAGNE NAZIE

Quand le *Saint-Louis* appareille du port de Hambourg le 13 mai 1939 à destination de Cuba, Adolf Hitler est au pouvoir depuis plus de six ans. Chef du NSDAP, le parti nazi, il a été nommé chancelier (chef du gouvernement) par le président de la République Hindenburg, le 30 janvier 1933, après que son parti politique a remporté les élections législatives de novembre 1932. Progressivement, à l'aide de ruses politiques et en jouant sur les peurs de la population allemande, Hitler met fin à la République et à la démocratie. Le 28 février 1933, lorsque le Reichstag – le Parlement allemand – est incendié, Hitler et ses partisans en tirent prétexte pour limiter les libertés individuelles et collectives. Ils ouvrent aussi le premier camp de concentration à Dachau, près de Munich, où sont enfermés, dès le 22 mars 1933, des opposants politiques aux nazis. Puis, tous les partis politiques en dehors du parti nazi sont interdits. À la mort de Hindenburg en 1934, Hitler regroupe tous les pouvoirs et prend le titre de *Reichsführer* « guide suprême de l'Allemagne ». Devenu le chef incontesté du pays, il institue un État totalitaire qui contrôle tous les domaines de la société.

POUR ALLER PLUS LOIN

La violence caractérise Hitler et le parti nazi dès leur apparition sur la scène politique allemande au début des années 1920. Cette violence verbale et physique s'exerce contre leurs opposants mais aussi contre les Juifs. Le pays compte, en 1933, 60 millions d'habitants dont 550 000 de religion juive. Parvenus au pouvoir, les nazis déchaînent une terrible violence à l'encontre des Juifs d'Allemagne. L'antisémitisme, la haine des Juifs, est au cœur des idées des nazis qui jugent les Juifs responsables des malheurs de l'Allemagne : que ce soit la défaite de la Première Guerre mondiale comme la grave crise économique qui frappe le pays. Dans un premier temps, ils veulent leur faire quitter l'Allemagne. L'idée que le pays doit être « vide de Juifs » devient une véritable obsession.

De fait, dès leur accession au pouvoir, Hitler et les nazis mettent en place les premières mesures antisémites. Le 1er avril 1933, les autorités organisent un immense boycott des magasins appartenant aux Juifs et le 7 du même mois, un décret touche les avocats qui ne peuvent plus exercer leur profession. En septembre 1935, les lois de Nuremberg interdisent aux Juifs de se marier avec des non-Juifs. Ils sont ensuite exclus de la fonction publique, ne peuvent plus être enseignants, juges ou travailler dans une administration. Les ordonnances de 1938 leur interdisent de posséder une entreprise. Les Allemands de religion ou d'origine juive sont obligés de céder gratuitement leur commerce ou entreprise à un administrateur non-juif.

Les mesures sont innombrables et rendent la vie quotidienne impossible : obligation de se regrouper dans des immeubles réservés aux Juifs, interdiction d'avoir sa maison, un vélo, de prendre les transports en commun, de posséder un poste de radio, un animal domestique, des chaises longues, d'aller au restaurant, au jardin public, chez le coiffeur ; interdiction d'acheter du poisson, des fruits, des fleurs ; obligation de payer des impôts spéciaux, de rester chez soi après 20 heures, etc.

Par conséquent, un grand nombre de Juifs va chercher à émigrer. Entre 1933 et 1937, 130 000 d'entre eux parviennent à quitter le pays et à trouver refuge en France, en Grande-Bretagne ou aux États-Unis. Entre 1938 et 1939, ils sont 118 000 à quitter l'Allemagne et 100 000 à quitter l'Autriche intégrée au Reich. En effet, les nouvelles mesures antisémites de 1938, mais plus encore l'immense émeute antijuive qui a eu lieu dans toute l'Allemagne dans la nuit du 9 au 10 novembre 1938, connue sous le nom de Nuit de cristal, accélèrent l'émigration des Juifs d'Allemagne. Cet évènement marque une étape décisive dans la croissance de la violence exercée contre les Juifs. Cette nuit-là, les nazis brisent les vitrines des magasins appartenant aux Juifs, brûlent les synagogues et les centres communautaires juifs dans toute l'Allemagne, tuent 91 personnes, procèdent à 30 000 arrestations dont les victimes sont enfermées dans des camps de concentration, réservés jusque-là aux opposants politiques.

POUR ALLER PLUS LOIN

Entretemps, le monde entier a fermé ses portes aux Juifs du Reich. Lors de la conférence d'Évian de juillet 1938 consacrée au sort des réfugiés fuyant l'Allemagne nazie, aucun pays n'a voulu accueillir ou augmenter les quotas d'immigration. Les Juifs sont alors pris au piège en Allemagne, mais aussi en Europe. En effet, leur sort s'aggrave avec le déclenchement de la Seconde Guerre mondiale le 1er septembre 1939. Dans un premier temps, les Juifs résidant dans les territoires conquis et administrés par l'Allemagne nazie sont concentrés dans des ghettos (quartiers fermés avec interdiction d'en sortir) en Europe de l'Est ou recensés par les autorités en Europe de l'Ouest, en France ou en Belgique par exemple.

Mais pour les Juifs, le tournant de la guerre intervient au moment du déclenchement de la grande offensive des armées de Hitler contre l'URSS, le 22 juin 1941. C'est en effet à ce moment-là que commencent les massacres de masse en Union soviétique et en Pologne, perpétrés par des groupes spéciaux de nazis, les *Einsatzgruppen*. Ceux-ci assassinent, par balle ou dans des camions à gaz, entre 1941 et 1943, près de 1,5 millions de personnes. À l'automne 1941, Hitler et les nazis décident de détruire le judaïsme européen en décimant systématiquement toutes les populations juives des territoires sous leur contrôle. En janvier 1942, à la conférence de Wannsee, les principaux chefs nazis planifient la « solution finale » et imaginent des camps spécialement conçus pour assassiner par gaz des millions de personnes. Dans ces six centres de mise à mort – appelés aussi « camps d'extermination » –, tous situés en Pologne, dans lesquels furent aménagées des chambres à gaz, près de 3 millions de personnes, hommes, femmes et enfants sont tués pour le simple fait d'exister, d'être juif. En y ajoutant les 800 000 personnes mortes de faim ou de mauvais traitements dans les ghettos de Pologne, mais aussi les gens tués au hasard des arrestations, des rafles, des fusillades ou pour faits de résistance, le total des Juifs assassinés par les nazis est estimé entre 5 et 6 millions de victimes sur les 9,5 millions de Juifs vivant alors en Europe.

Jusqu'au dernier moment, les nazis ont cherché à éliminer le plus de Juifs possible qui furent peu nombreux à en réchapper. Parmi les victimes de ce génocide, on estime à 1,5 millions le nombre d'enfants.

QUELQUES DATES

1925 : Adolf Hitler publie *Mein Kampf* (Mon Combat), son livre programme dans lequel il dit sa haine des Juifs.
Novembre 1932 : le parti nazi (NSDAP) arrive en tête aux élections législatives.
30 janvier 1933 : Hitler est nommé chancelier de la République par le président Hindenburg.
28 février 1933 : arrestation de plus de 10 000 opposants politiques aux nazis.
22 mars 1933 : ouverture du premier camp de concentration à Dachau.
Avril 1933 : premières mesures discriminatoires à l'encontre des Juifs d'Allemagne.
Août 1934 : Hitler devient Reichsführer. Limitation des libertés individuelles et collectives, le parti nazi est le seul parti politique autorisé.
15 septembre 1935 : lois raciales de Nuremberg.
Mars 1938 : l'Anschluss : l'Allemagne annexe l'Autriche.
Juillet 1938 : conférence d'Évian.
9-10 novembre 1938 : « Nuit de cristal ».

POUR ALLER PLUS LOIN

Mai-juillet 1939 : épopée du *Saint-Louis*.

1er septembre 1939 : l'attaque de la Pologne par l'Allemagne marque le début de la Seconde Guerre mondiale.

Mai–juin 1940 : les troupes allemandes envahissent les Pays-Bas, la Belgique et la France.

21 juin 1941 : invasion de l'URSS par les troupes allemandes.

Septembre 1941 : port obligatoire d'une étoile jaune sur les vêtements pour les Juifs d'Allemagne de plus de 6 ans.

Automne 1941 : les nazis décident la « solution finale », l'assassinat systématique de tous les Juifs d'Europe.

20 janvier 1942 : conférence de Wannsee.

Mars 1942 : début de l'Opération Reinhard, l'extermination des Juifs de Pologne dans les centres de mise à mort de Belzec, Treblinka et Sobibor.

19 avril 1943 : révolte et écrasement du ghetto de Varsovie.

27 janvier 1945 : libération du camp d'Auschwitz par les troupes soviétiques.

30 avril 1945 : Adolf Hitler se suicide dans sa cachette à Berlin.

8 mai 1945 : fin de la Seconde Guerre mondiale.

Octobre 1945 : ouverture du procès de Nuremberg. Vingt-deux criminels nazis sont accusés, entre autres crimes, d'avoir organisé l'arrestation et l'extermination de 6 millions de Juifs.

POUR ALLER PLUS LOIN

DES LIVRES ET DES FILMS

À LIRE

Journal d'un enfant pendant la Seconde Guerre mondiale,
par Yaël Hassan, Gallimard Jeunesse
Histoire de la Shoah, par Clive A. Lawton,
Gallimard Jeunesse
1939-1945, par Anthony Kemp,
Découvertes, Gallimard
Le journal d'Anne Frank, par Anne Frank, sous la direction
d'Otto Frank, Livre de Poche

À VOIR

La liste de Schindler, de Steven Spielberg,
avec Ben Kingsley et Ralph Fiennes
Un violon sur le toit de Norwan Jenison
avec Norma Crane, Topol et Leonard Frey
La Vie est belle de Roberto Benigni
avec Roberto Benigni et Nicolette Braschi
Au revoir les enfants, de Louis Malle,
avec Philipe Morier-Genoud et François Berléand

L'AUTEUR

Yaël Hassan est née à Paris en 1952, mais n'y vit vraiment que depuis 1984, ayant passé une partie de sa vie en Belgique et une autre en Israël. C'est à la suite d'un accident de voiture et de sa participation au concours littéraire du ministère de la Jeunesse et des Sports qu'elle devient auteur pour la jeunesse. Dès lors, elle se met à écrire sur des thèmes auxquels elle est attachée, par la force des choses, de par ses origines, son identité, sa vie, son expérience personnelle. Elle écrit ce qu'elle est et est ce qu'elle écrit, pourrait-elle dire.

Par hasard, elle est tombée sur un article relatant la triste épopée des passagers du *Saint-Louis*. Immédiatement intéressée, elle a recherché de plus amples informations sur le sujet. Celles-ci étaient peu nombreuses, mais des documents lui ont fourni une aide extrêmement précieuse dont les livres : *Un bateau pour l'enfer*, de Gilbert Sinoué (Calmann-Lévy), *Exil impossible. L'errance des Juifs du paquebot « Saint-Louis »*, de Diane Afoumado (L'Harmattan) et les sites :

http://www.jewishvirtuallibrary.org/jsource/Holocaust/stlouis.html (en anglais)

http://www.blechner.com/ssstlouis.htm (en allemand)

CRÉDITS PHOTOGRAPHIQUES

Couverture : [médaillon et quatrième] © Getty Images/Hulton Archive/Gerry Cranham
[Bas] Le « Saint-Louis » à Anvers. À son bord, près de 900 juifs allemands ayant fui le régime nazi. Juin 1939. © Roger-Viollet

Mise en pages : Karine Benoit

Loi n° 49-956 du 16 juillet 1949
sur les publications destinées à la jeunesse

N° d'édition : 247754
Premier dépôt légal : mars 2007
Dépôt légal : août 2012
ISBN : 978-2-07-0611959

Imprimé en Italie par L.E.G.O. S.p.A., Lavis (TN)